ようぼくハンドブック

はしがき

私たちようぼくは、九度の別席を運び、また折にふれ、お話も聞き、お道の基本的な事柄はたいてい分かったつもりでいます。しかし、時が経《た》つとそうした事柄さえ、あやふやになったり、あるいは、いざ人に説明するとなると、とまどってしまうことがあります。

本書では、ようぼくが天理教の信仰者として是非とも弁《わきま》えておきたい項目を、まず「教えのかどめ」として順序立てて示し、続いて、日々の暮らしの中で実践に努めたい事項を「実践のかどめ」として、まとめました。

ようぼくの皆さんが、信心のかどめを確認し、身につける手がかりとして、本書を活用してくださることを願ってやみません。

立教百六十五年四月

編者誌す

もくじ

ようぼくハンドブック

みかぐらうた

あしきをはらうてたすけたまへ　てんりわうのみこと

ちよとはなし　かみのいふことをきいてくれ　あしきのことはいはんでな
このよのぢいとてんとをかたどりて　ふうふをこしらへきたるでな
これハこのよのはじめだし

あしきをはらうてたすけせきこむ　いちれつすましてかんろだい

よろづよのせかい一れつみはらせど　むねのわかりたものはない
そのはずやといてきかしたことハない　しらぬがむりでハないわいな
このたびはかみがおもてへあらハれて　なにかいさいをとき〵かす
このところやまとのぢばのかみがたと　いうていれどももとしらぬ
このもとをくはしくきいたことならバ　いかなものでもこいしなる
き〵たくバたづねくるならいうてきかす　よろづいさいのもとなるを
かみがで〵なにかいさいをとくならバ　せかい一れつ心いさむなり
一れつにはやくたすけをいそぐから　せかいのこ〵ろもいさめかけ

一下り目

一ッ　正月こゑのさづけは　やれめづらしい

二ニ　につこりさづけもろたら　やれたのもしや

三ニ　さんざいこゝろをさだめ

四ッ　よのなか

五ッ　りをふく

六ッ　むしやうにでけまわす

七ッ　なにかにつくりとるなら

八ッ　やまとハほうねんや

九ッ　こゝまでついてこい

十ド　とりめがさだまりた

二下り目

とん〱とんと正月をどりはじめハ　やれおもしろい
二ッ　ふしぎなふしんかゝれバ　やれにぎはしや
三ッ　みにつく
四ッ　よなほり
五ッ　いづれもつきくるならば
六ッ　むほんのねえをきらふ
七ッ　なんじふをすくひあぐれバ
八ッ　やまひのねをきらふ
九ッ　こゝろをさだめゐやうなら
十デ　ところのをさまりや

三下り目

一ッ　ひのもとしよやしきの　つとめのばしよハよのもとや

二ッ　ふしぎなつとめばしよハ　たれにたのみはかけねども

三ッ　みなせかいがよりあうて　でけたちきたるがこれふしぎ

四ッ　よう〳〵こゝまでついてきた　じつのたすけハこれからや

五ッ　いつもわらはれそしられて　めづらしたすけをするほどに

六ッ　むりなねがひはしてくれな　ひとすぢごゝろになりてこい

七ッ　なんでもこれからひとすぢに　かみにもたれてゆきまする

八ッ　やむほどつらいことハない　わしもこれからひのきしん

九ッ　こゝまでしん〴〵したけれど　もとのかみとハしらなんだ

十ド　このたびあらはれた　じつのかみにはさうゐない

四下り目

一ッ　ひとがなにごといはうとも　かみがみているきをしずめ

二ッ　ふたりのこゝろををさめいよ　なにかのことをもあらはれる

三ッ　みなみてゐよそばなもの　かみのすることなすことを

四ッ　よるひるどんちやんつとめする　そばもやかましうたてかろ

五ッ　いつもたすけがせくからに　はやくやうきになりてこい

六ッ　むらかたはやくにたすけたい　なれどこゝろがわからいで

七ッ　なにかよろづのたすけあい　むねのうちよりしあんせよ

八ッ　やまひのすつきりねはぬける　こゝろハだん〱いさみくる

九ッ　こゝはこのよのごくらくや　わしもはや〱まゐりたい

十ド　このたびむねのうち　すみきりましたがありがたい

五下り目

一ッ　ひろいせかいのうちなれバ　たすけるところがまゝあらう
二ッ　ふしぎなたすけハこのところ　おびやはうそのゆるしだす
三ッ　みづとかみとはおなじこと　こゝろのよごれをあらひきる
四ッ　よくのないものなけれども　かみのまへにハよくはない
五ッ　いつまでしん〴〵したとても　やうきづくめであるほどに
六ッ　むごいこゝろをうちわすれ　やさしきこゝろになりてこい
七ッ　なんでもなんぎハさゝぬぞへ　たすけいちじよのこのところ
八ッ　やまとばかりやないほどに　くに〳〵までへもたすけゆく
九ッ　こゝはこのよのもとのぢば　めづらしところがあらはれた
どうでもしん〴〵するならバ　かうをむすぼやないかいな

六下り目

一ッ　ひとのこゝろといふものハ　うたがひぶかいものなるぞ

二ッ　ふしぎなたすけをするからに　いかなることもみさだめる

三ッ　みなせかいのむねのうち　かゞみのごとくにうつるなり

四ッ　ようこそつとめについてきた　これがたすけのもとだてや

五ッ　いつもかぐらやてをどりや　すゑではめづらしたすけする

六ッ　むしやうやたらにねがひでる　うけとるすぢもせんすぢや

七ッ　なんぼしん〳〵したとても　こゝろえちがひはならんぞへ

八ッ　やつぱりしん〳〵せにやならん　こゝろえちがひはでなほしや

九ッ　こゝまでしん〳〵してからハ　ひとつのかうをもみにやならぬ

十ド　このたびみえました　あふぎのうかゞひこれふしぎ

七下り目

一ッ　ひとことはなしハひのきしん　にほひばかりをかけておく

二ッ　ふかいこゝろがあるなれバ　たれもとめるでないほどに

三ッ　みなせかいのこゝろにハ　でんぢのいらぬものハない

四ッ　よきぢがあらバ一れつに　たれもほしいであらうがな

五ッ　いづれのかたもおなしこと　わしもあのぢをもとめたい

六ッ　むりにどうせといはんでな　そこはめい〳〵のむねしだい

七ッ　なんでもでんぢがほしいから　あたへハなにほどいるとても

八ッ　やしきハかみのでんぢやで　まいたるたねハみなはへる

九ッ　こゝハこのよのでんぢなら　わしもしつかりたねをまこ

十ド　このたびいちれつに　ようこそたねをまきにきた

たねをまいたるそのかたハ　こえをおかずにつくりとり

八下り目

一ッ　ひろいせかいやくになかに　いしもたちきもないかいな
二ッ　ふしぎなふしんをするなれど　たれにたのみハかけんでな
三ッ　みなだん〳〵とせかいから　よりきたことならでけてくる
四ッ　よくのこゝろをうちわすれ　とくとこゝろをさだめかけ
五ッ　いつまでみあわせゐたるとも　うちからするのやないほどに
六ッ　むしやうやたらにせきこむな　むねのうちよりしあんせよ
七ッ　なにかこゝろがすんだなら　はやくふしんにとりかゝれ
八ッ　やまのなかへといりこんで　いしもたちきもみておいた
九ッ　このききらうかあのいしと　おもへどかみのむねしだい
十ド　このたびいちれつに　すみきりましたがむねのうち

九下り目

一ッ　ひろいせかいをうちまわり　一せん二せんでたすけゆく
二ッ　ふじゆうなきやうにしてやらう　かみのこゝろにもたれつけ
三ッ　みれバせかいのこゝろにハ　よくがまじりてあるほどに
四ッ　よくがあるならやめてくれ　かみのうけとりでけんから
五ッ　いづれのかたもおなじこと　しあんさだめてついてこい
六ッ　むりにでやうといふでない　こゝろさだめのつくまでハ
七ッ　なか〳〵このたびいちれつに　しつかりしあんをせにやならん
八ッ　やまのなかでもあちこちと　てんりわうのつとめする
九ッ　こゝでつとめをしてゐれど　むねのわかりたものハない
とてもかみなをよびだせば　はやくこもとへたづねでよ

十下り目

一ッ　ひとのこゝろといふものハ　ちよとにわからんものなるぞ

二ッ　ふしぎなたすけをしてゐれど　あらはれでるのがいまはじめ

三ッ　みづのなかなるこのどろう　はやくいだしてもらひたい

四ッ　よくにきりないどろみづや　こゝろすみきれごくらくや

五ッ　いつ〳〵までもこのことハ　はなしのたねになるほどに

六ッ　むごいことばをだしたるも　はやくたすけをいそぐから

七ッ　なんぎするのもこゝろから　わがみうらみであるほどに

八ッ　やまひはつらいものなれど　もとをしりたるものハない

九ッ　このたびまでハいちれつに　やまひのもとハしれなんだ

十ド　このたびあらはれた　やまひのもとハこゝろから

十一下り目

一ッ　ひのもとしよやしきの　かみのやかたのぢばさだめ

二ッ　ふうふそろうてひのきしん　これがだいゝちものだねや

三ッ　みれバせかいがだん〳〵と　もつこになうてひのきしん

四ッ　よくをわすれてひのきしん　これがだいゝちこえとなる

五ッ　いつ〳〵までもつちもちや　まだあるならバわしもゆこ

六ッ　むりにとめるやないほどに　こゝろあるならたれなりと

七ッ　なにかめづらしつちもちや　これがきしんとなるならバ

八ッ　やしきのつちをほりとりて　ところかへるばかりやで

九ッ　このたびまではいちれつに　むねがわからんざんねんな

十ド　ことしハこえおかず　じふぶんものをつくりとり
　　やれたのもしやありがたや

十二下り目

一ッ　いちにだいくのうかゞひに　なにかのこともまかせおく
二ッ　ふしぎなふしんをするならバ　うかゞひたてゝいひつけよ
三ッ　みなせかいからだん〳〵と　きたるだいくににほいかけ
四ッ　よきとうりやうかあるならバ　はやくこもとへよせておけ
五ッ　いづれとうりやうよにんいる　はやくうかゞいたてゝみよ
六ッ　むりにこいとハいはんでな　いづれだん〳〵つきくるで
七ッ　なにかめづらしこのふしん　しかけたことならきりハない
八ッ　やまのなかへとゆくならバ　あらきとうりやうつれてゆけ
九ッ　これハこざいくとうりやうや　たてまへとうりやうこれかんな
十ド　このたびいちれつに　だいくのにんもそろひきた

教えのかどめ

立教

「我《われ》は元の神・実の神である。この屋敷にいんねんあり。このたび、世界一れつをたすけるために天降《あまくだ》った。みきを神のやしろに貰《もら》い受けたい」

これは親神天理王命《おやがみてんりおうのみこと》が、私たち人間に対して発せられた最初のお言葉で、立教のご宣言といわれているものです。

この短い一節に、親神様の神格、元のいんねん、立教の大目的、教祖《おやさま》のお立場が凝縮して述べられています。

このお告げ（啓示）より、数えて三日後の天保《てんぽう》九年（一八三八年）十月二十六日、天理教は開かれました。

これは親神様が陽気ぐらしを見て共に楽しみたいと、人間世界をお創《はじ》めになった元初《もとはじ》まりの約束に基づきます。すなわち、元初まりにおける母親の魂《たましい》のいんねんある教祖をやしろとして、人間宿し込みの地点である元のぢばにおいて、最初に産みおろされた子数の年限が経《た》った暁《あかつき》に、このだめの教えが開かれたのです。

この人と所と時に関するいんねんを、「教祖魂のいんねん」「やしきのいんねん」

「旬刻限《しゅんこくげん》の理」といい、立教の三大いんねんと呼びならわしています。

用語解説

【だめの教え】

だめとはだめ押しの略で、元来は囲碁《いご》の用語。勝負を確定する局面を指すところから、総仕上げ、最終的、究極的の意味で用いられています。『天理教教典』（→57ページ）には「十《とお》のものなら九つまで教え、なお、明かされなかった最後《だめ》の一点、元の親を知らして」と、人間創造の元の神がつけられた陽気ぐらしへのたすけ一条の道であることが記されています。

従って他宗の教えも、親神様がその時、所に応じて現された修理肥《しゅうりこえ》の教えであり、敬意を払うよう教えられています。

原典から

「元聞き分けて貰《もら》いたい。何処其処《どこそこ》で誰《だれ》それという者でない。ほん何《なん》でもない百姓家《ひゃくしょうや》の者、何《なん》にも知らん女一人《いちにん》。何《なん》でもない者や。それだめの教《おしえ》を説くという処《ところ》の理を聞き分け」

（おさしづ　明治21年1月8日）

親神《おやがみ》天理王命《てんりおうのみこと》

この世人間をお創《はじ》めくだされた元の神様であり、火水風《ひみずかぜ》をはじめ、人間身の内のぬくみ、水気《すいき》、息一すじにいたるまで、この世の一切のご守護をなしくださる実の神様であります。人間を創《つく》り育てられた親なる神様であるところから、親神様《おやがみさま》と呼んで敬《うやま》い親しんでいます。神名《かみな》は天理王命《てんりおうのみこと》と申し上げます。文字通りに解すれば「天の筋道をもって、統《す》べ治める神」という意味です。

親神様のご守護の全容を、十の守護の理をもって系統立てて教えられ、それぞれに神名が付けられています。これを「十全《じゅうぜん》の守護」(↓38ページ)と呼んでいます。

その中でも、「くにとこたちのみこと」「をもたりのみこと」のご守護の理が最も基本的なもので、それぞれの天における現れを「月」「日」、世界での働きを「水」「火」と仰せになっています。

「おふでさき」(↓56ページ)では、親神様自らの呼び名を、「神」「月日」「をや」とだんだんに変えながらご教示くださっています。

「ちよとはなし」のお歌に、「このよのぢいとてんとをかたどりて　ふうふをこ

しらへきたるでな」と示され、「おふでさき」に、

このよふのぢいと天とハぢつのをや

それよりでけたにんけんである　（十　54）

とありますように、「くにとこたちのみこと」には、天、父親が、「をもたりのみこと」には、地、母親が対応しています。このように、月と日、水と火、天と地、父性と母性といった二つ一つの働きの対《つい》をなしています。

「をや」という語には、生み出すものという創造神としての性格、守るものという守護神としての性格、一れつ子供をたすけたいという救済神としての性格が含まれているともいわれます。さらに、育てる、導くといった働きも含意されています。

神と人間は、真の親子であるという点に教えの神髄があります。従って、人間は互いに実の兄弟姉妹です。そして、この道は、子供かわいい親心からお付けくだされた、たすけ一条の道であります。

教祖《おやさま》

教祖のお立場

教祖《おやさま》中山みき様は、立教以来五十年にわたり、「月日のやしろ」として、親神《おやがみ》様《さま》の思召《おぼしめし》を私たち人間にお伝えくだされたばかりでなく、自ら身をもって、たすけ一条の手本をお示しになりました。その道すがらを「ひながたの道」と呼び、教祖を「ひながたの親」とお慕いしています。

明治二十年（一八八七年）陰暦正月二十六日、子供の成人を促すべく現身《うつしみ》をおかくしになり、お姿を拝することはできなくなりましたが、それまで同様、元の屋敷にお住まいになり、変わることなく世界たすけの上にお働きくだされていま す。このご存命のままにお働きくださることを、「教祖存命の理」といいます。

生い立ちと道すがら

教祖は、寛政《かんせい》十年（一七九八年）四月十八日、大和国山辺郡三味田《やまとのくにやまべごおりさんまいでん》（現天理市三昧田町）にお生まれになりました。元初《もとはじ》まりの母親の魂のお方にふさわしく、幼少のころから慈《いつく》しみ深く、信心深いご性質でした。

人間宿し込みのいんねんある元の屋敷、中山家の人となられてからは、嫁として、主婦として申し分のない働きぶりを示されただけでなく、慈悲の心いよいよ篤《あつ》く、ある時などは米盗人を赦《ゆる》されたばかりか、米を与え、後々を諭《さと》され、また、ある時は物乞《ものご》いの女に衣食を恵むとともに、背中の赤子に自分の乳房を含ませられるなど、情け深いお振る舞いはますますその度を強めました。

教祖ご生家（天理市三昧田町）

月日のやしろ

天保九年（一八三八年）十月二十六日、「月日のやしろ」と定まられてからは、まず「貧に落ち切れ」との親神様の思召のままに、貧しい

教祖《おやさま》

人々への施しに家財を傾けて貧のどん底への道を急がれました。

かかる十数年の歳月のうちに、夫・善兵衞様の出直しという大節《ふし》に遭われましたが、かえってこの機に、「これから、世界のふしんに掛《かか》る」と仰せられて、母屋《おもや》を売り払い、さらには、末娘のこかん様を浪速《なにわ》の地へ布教に赴《おもむ》かされました。

このような常人には理解し難いお振る舞いは、親族の反対はもとより、知人、村人の離反、嘲笑《ちょうしょう》を招かずにはいませんでした。

その後さらに十年ほどのどん底の道中も、常に明るく勇んでお通りになり、時には食べるに事欠く中も「水を飲めば水の味がする」と子どもたちを励ましながらお通りになりました。

こうした道中を経て、やがて「をびや許し」(→116ページ)を道あけとして、不思議なたすけが次々と顕《あらわ》れるにつれて、教祖を生き神様と慕い寄る人々が現れ始めました。しかし、これはまた、ねたみや無理解からの弁難攻撃を呼ぶことになりました。

つとめ場所——元治元年（1864年）、寄り来る信者らの真実によって始まった本教最初の神殿普請。教祖は、竣工後から明治８年（1875年）までをここで過ごされた。明治21年に増築され、現在は記念建物として教祖殿北庭に保存されている

つとめ完成への道

そうした中で教祖はつとめ場所のふしんを仰せ出され、さらに、「つとめ」(↓42ページ)を教えかけられました。「あしきはらひ《い》」のおつとめに始まり、てをどりのお歌と手振りを教え、つとめの段取りを整えられるとともに、「おふでさき」(↓56ページ)をもって、つとめ完成への道筋を示し、世界たすけの道の全容と根本の理合いをご教示になりました。

「さづけ」(↓44ページ)を渡し、「ぢば」(↓34ページ)を定め、「かんろだい」(↓34ページ)の建設を促される一方、つとめの人衆を引き寄せ、仕込み、つとめの実行を急《せ》き込んで、ひたすら、つとめの完成への道を進められました。

中南の門屋――明治８年（1875年）完成。教祖は西側の10畳の部屋をお居間とされ、寄り来る人々に親神様の思召を伝えられた

かかるうちに、教えは次第に広まり、教祖を慕い、ぢばへと向かう人々は、年ごとにいや増してゆきましたが、同時に迫害、干渉も激しさを加え、教祖にも十数度にわたる警察、監獄へのご苦労が降り掛かることになりました。

しかしながら、教祖は、常に「ふしから芽が出る」と仰せられて、かえっていそいそと獄舎にお出掛けになられたばかりか、いささかも変わることなく、つとめの実行を促されました。

人々はご高齢の教祖を気遣い、官憲の取り締まりを慮《おもんぱか》って、つとめの実行を逡巡《しゅんじゅん》するうち、明治二十年一月、教祖の御身《おんみ》に異状が見られるようになりまし

教祖《おやさま》

た。一同は大いに驚いて思召を伺《うかが》うと、神意は一貫してつとめ実行のお急き込みにありました。

神一条と応法《おうぼう》の道の間で揺れ動く人々を、教祖は自らのお身上《みじょう》を通してまで、繰り返し懇《ねんご》ろに諭《さと》し、仕込まれて、二月十八日（陰暦正月二十六日）、一同「命捨てても」の決心のもとに勤められたつとめの終わるころ、御齢《おんとし》九十歳で現身をおかくしになりました。

教祖は、このように五十年にわたる「ひながたの道」を残されたばかりでなく、今もなお、ご存命のままお働きくだされ、私たち人間を陽気ぐらしへとお導きくだされています。

御休息所——明治16年（1883年）完成。教祖はそれまでの中南の門屋からここに移られ、現身おかくしまでお住まいになった

ぢば・かんろだい

教会本部の祭典は、ぢば・かんろだいを囲む神殿において勤められる

元初《もとはじ》まりに、人間を宿し込まれた地点を「ぢば」といいます。すなわち、全人類の故郷であることから、ぢばを中心とする一帯を親里《おやさと》と呼びならわしています。

ぢばには、親神様《おやがみさま》のお鎮《しず》まりくださる所として、天理《てんり》王命《おうのみこと》の神名《かみな》が授けられ、ぢばを囲んで陽気ぐらしへの世の立て替えを祈念する「かぐらづとめ」（→42ページ）が勤められます。

人間宿し込みの元なるぢばに、その証拠として「かんろだい」が据えられ、礼拝の目標《めどう》となっています。

人々の心が澄み切って、親神様の思召《おぼしめし》通りの「ようきづとめ」を勤める時、この台に、天から甘露《かんろ》（天の与え）が授けられます。これを頂くと、人は皆、病まず、死なず、弱らずに、百十五歳の定命《じょうみょう》を保ち、この世は陽気ぐらしの世界となると教えられています。

また、かんろだいは、人間の創造と成人の理を表して形造《かたちづく》られています。

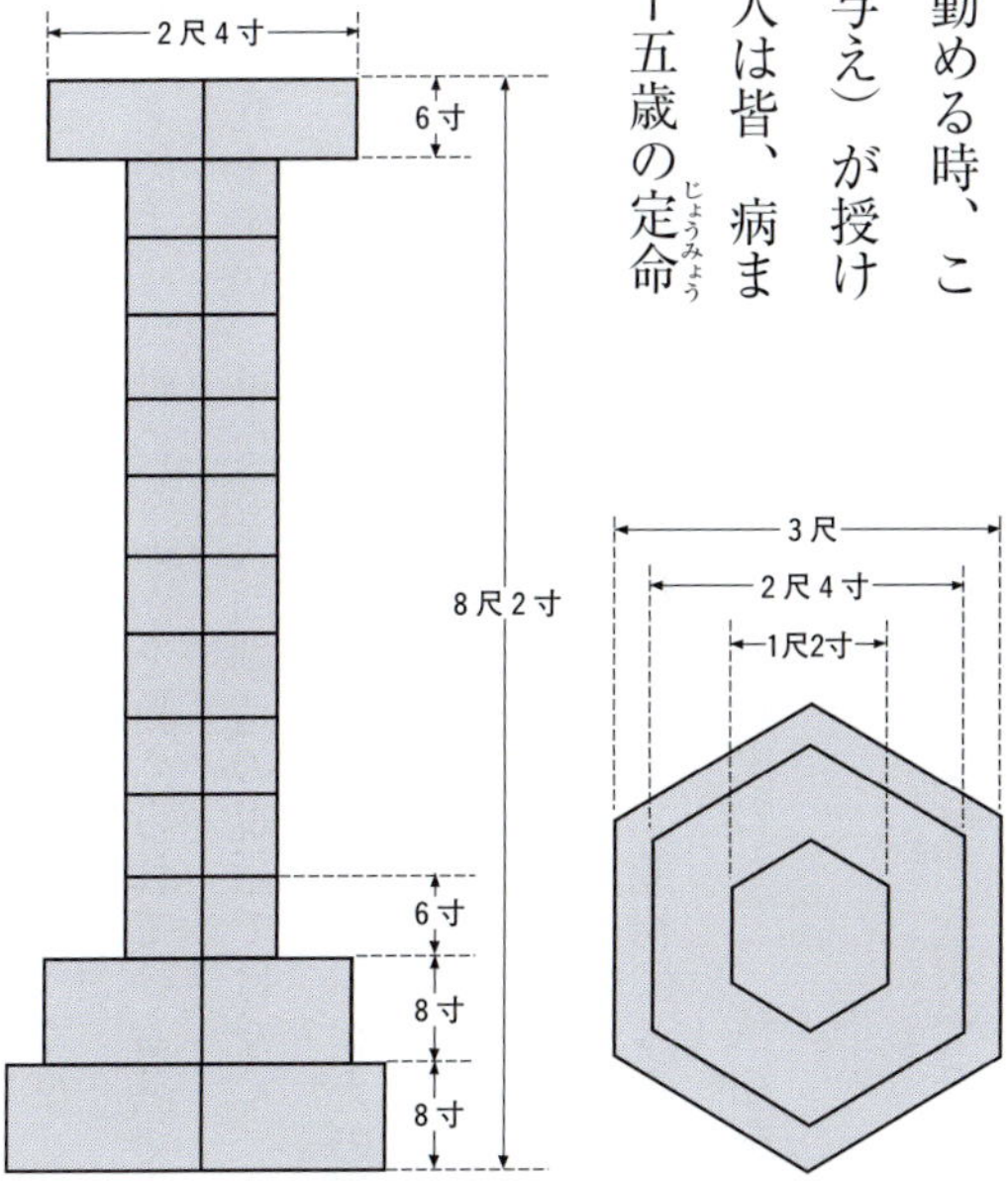

かんろだいの形と大きさ

1尺＝約30.3cm
1寸＝約3.03cm

元の理

「つとめの理話《りばなし》」ともいわれるように、「かぐらづとめ」（→42ページ）の理合いを明らかにすることに最大の眼目があります。すなわち、つとめによってなぜたすかるのか、また、なぜつとめをそのように勤めるのかを教えられている話です。元初《もとはじ》まりの話と同義的に用いられますが、単なる人間創造の説話ではなく、今も変わらぬ人間世界の成り立ちの基本原理をお示しになった話であり、教えの根幹をなすといってもよい大切なものです。その概略は、次の通りです。

イ、親神様《おやがみさま》は陽気ぐらしを見て共に楽しみたいと思召《おぼしめ》して人間を創造された。

ロ、まず夫婦の雛型《ひながた》をこしらえようと、うをとみを引き寄せ、最初に産みおろす子数の年限が経《た》った暁《あかつき》に、神として拝をさせるとの約束のもと、承知をさせて貰《もら》い受けられた。

ハ、さらに、六種の道具衆を引き寄せ、承知をさせて貰い受け、食べてその性《しょう》を見定め、それぞれに応じた役割に使われた。

ニ、泥海《どろうみ》中のどぢよを皆食べて、これを人間の種《たね》とし、夫婦の雛型に月日《つきひ》が入り込み、元のぢばで、九億九万九千九百九十九人の子数を宿し込まれた。
ホ、最初は五分《ぶ》から生まれ、九十九年ごとに三度の出直し、生まれ替わりを重ね、四寸《すん》まで成人して皆出直した。
へ、そののち、虫、鳥、畜類《ちくるい》などと八千八度《はっせんやたび》の生まれ替わりを経て、最後にめざるが一匹残った。その胎《はら》に男女各五人の人間が宿り、五分から生まれだんだんと成人するとともに、海山、天地なども次第に形作られ、五尺になったとき、世界は出来、人間は陸上の生活をするようになった。
ト、この間、九億九万年は水中の住居《すまい》、六千年は知恵の仕込み、三千九百九十九年は文字の仕込みをもって育てられ、子数の年限を経過した約束の時が立教の元一日である。

元の理の話の中で、人間は何のために、だれによって、いつ、どこで、どのように創《つく》られたかが明示されています。こうした元、根本を示して、たすかる道を教えられたところに天理教の特質があります。

十全《じゅうぜん》の守護

親神様《おやがみさま》の広大無辺なご守護を、十の守護の理をもって体系的に説き分け、それぞれに神名《かみな》を配し、分かりやすく、覚えやすいようにお教えくださっています。「十柱《とはしら》の神名」と呼ばれることもありますが、決して十柱の神々がおられるという意味ではありません。

この神名は元初《もとはじ》まりに、人間世界をお創《はじ》めになるに際して、親神様のお心に溶け込んで、一手一《いってひと》つに働かれた道具衆の働きの理に授けられたものです。従って、それぞれにぢばを囲んでの「かぐらづとめ」（↓42ページ）の十人のつとめ人衆が対応しています。

かぐらづとめにおいて向かい合う人衆に相当する守護の理は互いに対《つい》になっていて、相補的な関係にあります（↓40ページに図）。

人間身の内の……、世界では……との記述は、まさに人体と世界を貫く理法の体系的な表現です。

神名	はたらき
くにとこたちのみこと	人間身の内の眼《め》うるおい、世界では水の守護の理。
をもたりのみこと	人間身の内のぬくみ、世界では火の守護の理。
くにさづちのみこと	人間身の内の女一《おんないち》の道具、皮つなぎ、世界では万《よろず》つなぎの守護の理。
月よみのみこと	人間身の内の男一《おとこいち》の道具、骨つっぱり、世界では万つっぱりの守護の理。
くもよみのみこと	人間身の内の飲み食い出入り、世界では水気《すいき》上げ下げの守護の理。
かしこねのみこと	人間身の内の息吹き分け、世界では風の守護の理。
たいしよく天のみこと	出産の時、親と子の胎縁を切り、出直しの時、息を引きとる世話、世界では切ること一切の守護の理。
をふとのべのみこと	出産の時、親の胎内から子を引き出す世話、世界では引き出し一切の守護の理。
いざなぎのみこと	男雛型《ひながた》・種《たね》の理。
いざなみのみこと	女雛型・苗代《なわしろ》の理。

「かぐらづとめ」にみる道具衆の位置関係

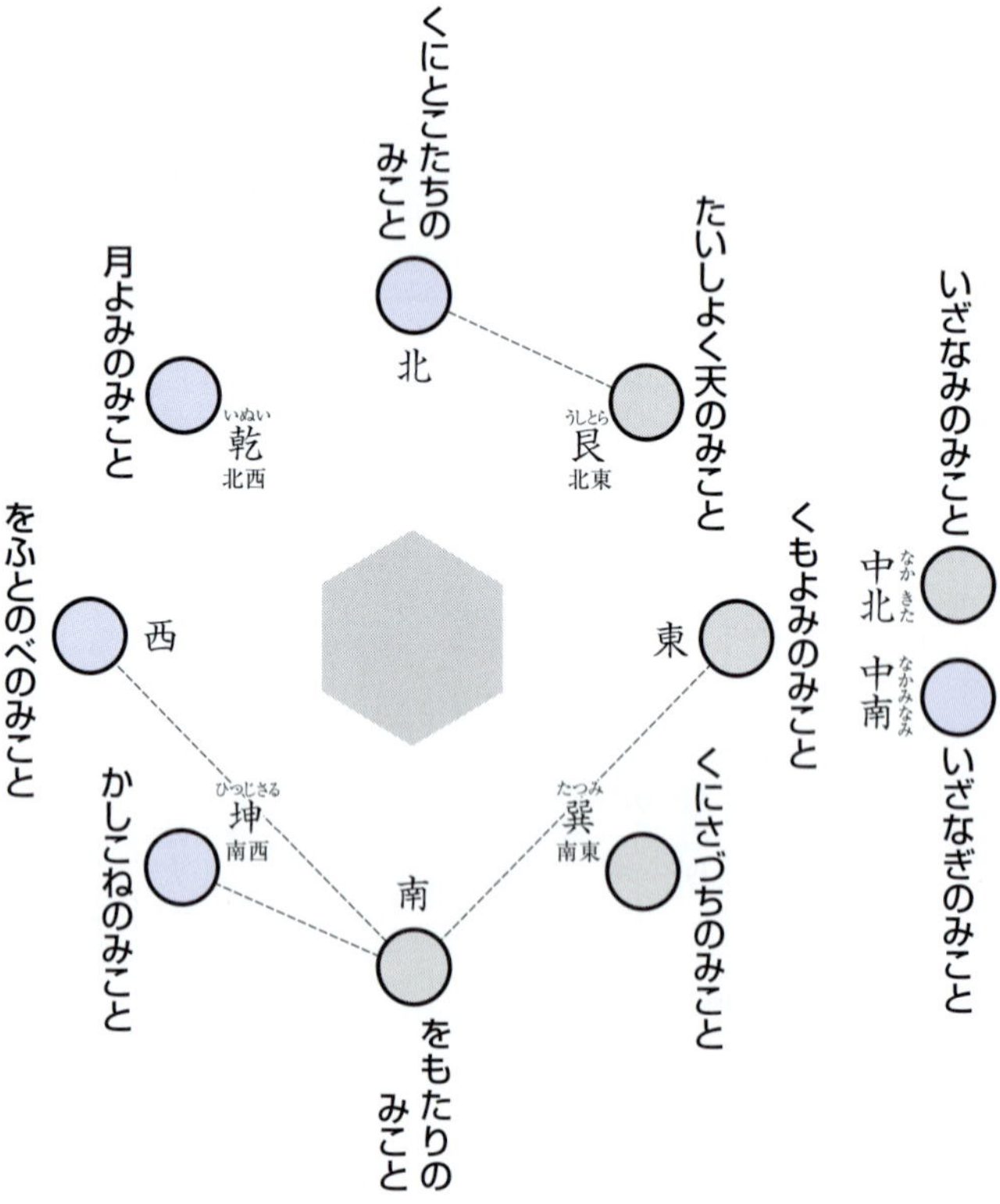

＊「中南」「中北」のお役は、中心にかんろだいがあるため、東寄りでお勤めになっています。
＊◯のつとめ人衆は男面を着用、◯のつとめ人衆は女面を着用。
＊破線については次ページのコラムを参照。

十《じゅう》全《ぜん》の守護

元初まりの六だい

親神様の「十全の守護」は、この世のありとあらゆるご守護を含むものですが、その中でも特に、元初まりの人間宿し込みの時に一つになって働かれた、くにとこたちのみこと、をもたりのみこと、くにさづちのみこと、月よみのみこと、いざなぎのみこと、いざなみのみことの六つの守護の理を「元初まりの六だい」と呼んでいます。元初まりのお話で、うをにしやちを仕込んだ男雛型《ひながた》に月様が、みにかめを仕込んだ女雛型に日様が入り込んで、人間創造の守護を教え、九億九万九千九百九十九人の子数を宿し込まれたことによります。

これに対して、元初まりの六だいのいざなぎのみこと、いざなみのみことの代わりに、くもよみのみこと、かしこねのみことを加えたものを「身の内守護の六だい」と呼ぶことがあります。これは、日々身の内に頂戴《ちょうだい》する六つの守護の理という意味です。

なお、この元初まりの六だいに含まれない四つの守護の理に相当するつとめ人衆は、右ページの図の破線で示すように、月日、すなわち、くにとこたちのみこと、をもたりのみことから伸びる白布の尾で、いずれかに繋《つな》がれています。

つとめ

天理教における最も大切な祭儀で、たすけ一条の道の根本の手立てです。第一義的には、本部神殿で勤められる「かぐらづとめ」を指します。つとめは「かぐら」を主とし、「てをどり」に及びます。

かぐらは、十人のつとめ人衆が、「ぢば・かんろだい」(↓34ページ)を囲んで、元初《もとはじ》まりの人間世界創造(↓36ページ)に際しての親神様《おやがみさま》のお働きを手振りに表して勤めることによって、元初まりの親神様のご守護を今に頂き、よろづたすけの成就《じょうじゅ》と陽気ぐらしの世への立て替えを祈念するものです。

かぐらに続いて、神殿上段で男女三人ずつによる、てをどりが勤められます。いずれも、つとめの地歌である「みかぐらうた」(↓8、56ページ)と、九つの鳴物《なりもの》(↓77ページ)の調べに合わせて、陽気に一手一つに勤められます。

つとめは、また、その意味合いの上から、ようきづとめ、たすけづとめ、かんろだいのつとめとも呼ばれます。

教会本部では、立教の日柄である十月二十六日に秋の大祭(午前八時から)、

＊関連項目……61～79ページ「おつとめをする」

教祖《おやさま》が現身《うつしみ》をかくされた日に当たる一月二十六日に春の大祭（午前十一時三十分から）が勤められ、それ以外の月には二十六日に月次祭《つきなみさい》（午前九時から）が勤められます。また、四月十八日には教祖誕生祭（午前十時から）、元日には元旦祭（午前五時から）が勤められます。

原典から

いつもかぐらやてをどりや
すゑではめづらしたすけする　（六下り目　5）

このつとめなんの事やとをもている
よろづたすけのもよふばかりを　（おふでさき　二　9）

このつとめなにの事やとをもている
せかいをさめてたすけばかりを　（同　四　93）

たん〵とにち〵心いさむでな
なんとやまと八ゑらいほふねん　（同　十　18）

にち〵にはやくつとめをせきこめよ
いかなるなんもみなのがれるで　（同　十　19）

とのよふなむつかしくなるやまいでも
つとめ一ぢよてみなたすかるで　（同　十　20）

さづけ

現行のさづけは「てをどりのさづけ」、もしくは「あしきはらひ《い》のさづけ」といわれるもので、病む人に取り次いで身上《みじょう》回復のご守護を願うものです。

親神様《おやがみさま》は取り次ぐ者と取り次がれる者の心の真実をお受け取りくださって、どのような不思議なたすけもお現しくださいます。

「さづけの理」は、九度の別席順序（↓130ページ）を運んで心を洗い立て、たすけ一条を誓って願い出るところにお授けくださいます。おさづけの理を戴《いただ》いた人を「ようぼく」と呼びます。ようぼくとは、陽気ぐらし世界建設のための人材、用材という意味です。

その使命は、頂戴《ちょうだい》したおさづけをしっかりと取り次ぎ、また、教祖《おやさま》の教えを人々に伝えて、陽気ぐらし世界の建設に向かって力を尽くすことです。

＊関連項目……88～91ページ「おさづけの理拝戴《はいたい》」ほか

原典から

これから八いたみなやみもできものも
いきてをどりでみなたすけるで　（おふでさき　六　106）

このたすけいまゝでしらぬ事なれど
これからさき八ためしゝてみよ　（同　六　107）

「さづけ〳〵と言うたる、さづけというはどの位《くらい》どれだけのものとも、高さも値打《ねうち》も分からん」
（おさしづ　明治23年7月7日）

用語解説

【道の路金《ろぎん》】

路銀とは、いわゆる旅費のことです。教祖は、「長《なが》の道中、路金《ろぎん》なくては通られようまい。路金として肥《こえ》授けよう」（『稿本天理教教祖伝』第三章）と仰せくださいました。つまり、人だすけの道を通るうえでの手立てとして、「おさづけの理」が渡されることを、路銀にたとえてお教えくださっているのです。

かしもの・かりもの

だれもが自分のものであると思って使っている身体《からだ》を、親神様《おやがみさま》からの「かりもの」と教えられます。そして、心だけが自分のものであり、その心通りに身の内をはじめとする身の周りの一切をご守護くださるのです。これを、「人間というものは、身はかりもの、心一つが我がのもの。たった一つの心より、どんな理も日々《にちにち》出る」（おさしづ　明治22年2月14日）と仰せになっています。

従って、かりものである身体は、貸し主である親神様の思召《おぼしめし》に適《かな》う使い方をすることが肝心です。この真実を知らずに、銘々に勝手気ままな使い方をすることから、十全《じゅうぜん》なるご守護を頂く理を曇らせ、ついには身の不自由を味わうことにもなってきます。

この思召に沿わぬ自分中心の心遣いをほこり（↓48ページ）にたとえ、不断に払うことを求められます。

また、親神様の自由《じゅうよう》のご守護に与《あずか》ることのできる心遣いは誠の心であり、その最たるものは「人をたすける心」であると教えられます。

「借りる」とは「他人のものを、あとで返す約束で使う」（『広辞苑』）ことです。従って、かりものである身上《みじょう》（身体）は、いずれはお返しすることになります。これが出直し（→50ページ）です。

そして、末代《まつだい》の理である銘々の魂《たましい》に、新しい身体をお借りしてこの世に帰ってくることを、生まれ替わりと教えられます。

用語解説

【かりもの】

「思うようにならん〳〵というは、かりものの証拠」（おさしづ　明治21年7月28日）とあるように、病んで初めて身体が自分の思い通りにならないことを知ります。

「たん〳〵となに事にてもこのよふわ　神のからだやしやんしてみよ」（三 40、135）、「にんけん八みな〳〵神のかしものや　なんとをもふてつこているやら」（三 41）との「おふでさき」にうかがえるように、かしもの・かりものの教理の背景には、この世は神の身体という世界観があります。すなわち、神の身体であるこの世の一部をわが身の内としてお借りしているのです。従って、世界と人体は一つの天の摂理に支配されていることになります。

ほこり

親神様《おやがみさま》の思召《おぼしめし》に沿わない心遣いを「ほこり」にたとえてお諭《さと》しくださいます。

ほこりは吹けば飛ぶような些細《ささい》なものですが、油断をしているといつの間にか積もり重なり、ついにはちょっとやそっとではきれいにならないものです。

それと同様に、心遣いは銘々に我がの理として許されてはいますが、思召に適《かな》わない自分中心の勝手な心を使っていると、やがて心は曇り濁《にご》って、親神様の思召も悟れなければ、十分なご守護も頂けなくなってしまいます。

これが、身上《みじょう》の障《さわ》り、事情のもつれともなって現れます。

このほこりの心遣いを反省し、払う手掛かりとして、をしい、ほしい、にくい、かわい、うらみ、はらだち、よく、こうまんの八つのほこりを挙げ、さらに、「うそとついしょこれきらい」と心遣いの間違いを戒められています。

教えの理を聞き分け、心の定規《じょうぎ》として、心遣いを改めるならば、心はすきやかとなり、身も鮮やかに治まります。これを「神がほうき」と仰せられます。

八つのほこり

をしい……心の働き、身の働きを惜《お》しみ、税金や納めるべき物を出し惜しむ。また、世のため、人のための相応の務めを欠き、あるいは、借りた物を返すのを惜しんだり、嫌なことを人にさせて自分は楽をしたいという心。

ほしい……努力を怠《おこた》り、十分な働きもしないで金銭を欲しがり、分不相応に良い物を着たい、食べたい、また、何によらず、あるがうえにも欲しいという心。

にくい……人の助言や忠告をかえって悪く取ってその人を憎む。また、嫁姑《よめしゅうとめ》など身内同士の憎み合い。さらには、人の陰口を言ってそしり、笑い、あるいは、罪を憎まず人を憎むという心。

かわい……自分さえ良ければ人はどうでもよい。わが子への愛に引かされて食べ物、着物の好き嫌いを言わせ、仕込むべきことも仕込まず、間違ったことも注意しないで、気ままにさせておくという心。また自分のために人を悪く言うのもほこり。

うらみ……体面を傷つけた、望みを妨げた、どう言ったと自分の不徳を思わず、人を恨み、根に持つような心。

はらだち……人が悪いことを言った、意に反することをしたと腹を立てる。理を立てず、我を通し、相手の言い分に耳を貸そうとしないで腹を立てるような心。

よく……人より多く身につけたい、取れるだけ取りたいという心。数量をごまかし、人を欺《だま》して利をかすめ、あるいは盗み、取り込むなど、何によらず人の物をただわが身につけるのは強欲。また、色情に溺《おぼ》れるのは色欲。

こうまん……力もないのに自惚《うぬぼ》れ、威張り、富や地位をかさに着て人を見下し、踏みつけにする。また、頭の良いのを鼻にかけて人を侮《あなど》り、人の欠点を探す、あるいは知らないことを知ったふりをするような心。

出直し・生まれ替わり

天理教では、人の死を「出直し」といいます。親神様《おやがみさま》からの「かりもの」である身体《からだ》をお返しすることを指します。

出直しの語は元来、「最初からもう一度やり直すこと」を意味することからも察せられるように、死は再生の契機であり、それぞれの魂《たましい》に応じて、また新しい身体を借りてこの世に帰ってくる「生まれ替わり」のための出発点であることが含まれています。

前生《ぜんしょう》までの心の道であるいんねん（↓52ページ）を刻んだ魂は、新しい身体を借りて蘇《よみがえ》り、今生の心遣いによる変容を受け、出直し生まれ替わりを経て、また来生へと生まれ出ます。

生命のバトンタッチ

一般的には、誕生はめでたく、死は何か暗い、忌《い》まわしいものと考えがちですが、本教では「出直し」「生まれ替わり」と教えられます。

死は、それで終わり、それっきりというようなものではなく、生まれ替わり、つまり再生のための節目、出発点であるということです。

少し考えてみれば分かることですが、死がなければ誕生もあり得ません。死ぬ者がなくて生まれる者ばかりであったら、たちまち地球は人であふれかえってしまいます。そう考えますと、誕生と死は一つのものであり、切り離すことのできないものであることが分かります。

連綿と続く生命の営み、命のサイクルの節目を言い表す「出直し」「生まれ替わり」。その言葉自体に、死というものが終わりではなく、再生へのスタートであり、誕生が単なる生命の始まりではなく、前生よりの命を引き継いでいるものであることが含意されています。大きな生命の流れの中でのバトンタッチを繰り返しながら、陽気ぐらしへの歩みが進められるのです。

いんねん

元来は仏教用語で、直接的原因（因）と間接的条件（縁）との組み合わせによって、さまざまの結果（果）を生起することを意味します。

「おふでさき」（→56ページ）では専《もっぱ》ら、「元のいんねん」の意味で使われています。すなわち、親神様《おやがみさま》が陽気ぐらしを見て共に楽しみたいと、元のぢば（→34ページ）において人間を創造されたという元初《もとはじ》まり（→36ページ）に由来するいんねんです。

『天理教教典』（→57ページ）では、また、「善《よ》き事をすれば善き理が添うて現れ、悪《あ》しき事をすれば悪しき理が添うて現れる」と、厳然たる因果律の存在が述べられています。いんねんは今生一代にとどまらず、末代《まつだい》の理である魂《たましい》に刻まれて、来生へと受け継がれるものでもあります。

ただし、本教でいういんねんには、仏教などでいう因果応報とは違い、その奥に陽気ぐらしへと導こうとされる子供かわいい親心があることを忘れてはなりません。

たんのう

「たんのう」の原義は足りているということだとされています。つまり、満足したという心の状態です。

苦しい状況の中でたんのうするとは、単に歯を食いしばって我慢したり、泣く泣く辛抱《しんぼう》することではありません。これで結構、ありがたいと前向きに受け止め、心を励まして踏ん張ることです。また、そこに運命の切り換わる道が開けてくるのです。従って、たんのうはあきらめの心情ではありません。悪い状態を無気力に受容することでもありません。

「たんのうは前生いんねんのさんげ」とのお言葉にうかがえるように、成ってきた事柄を、成るべくして成ったものと受け止め、その因《よ》ってくるところを思案し、芳《かんば》しくない運命が切り換わるよう、理づくり、努力することを決意することです。

用語解説

『広辞苑』の編者である新村出《しんむらいずる》博士によると、「たんのう」の原義は「足りている」ことで、「足りぬ」「足んぬ」と変化したもの、すなわち満足したという心の状態を指すということです。

ひのきしん

親神様《おやがみさま》のご守護に感謝をささげる自発的な行為が「ひのきしん」です。

一般的には、寄進《きしん》は「社寺などに金銭・物品を寄付すること」（『広辞苑』）を意味しますが、

なにかめづらしつちもちや
これがきしんとなるならバ
（十一下り目　7）

と、本教では身をもってする神恩報謝の行いをも寄進としてお受け取りくださるところに、ひのきしんの面目があります。

従って、貧富や老若男女《ろうにゃくなんにょ》の別なく、真実の心一つでだれにでもできるものです。

「日々常々、何事につけ、親神の恵《めぐみ》を切《せつ》に身に感じる時、感謝の喜びは、自《おのずか》らその態度や行為《おこない》にあらわれる。これを、ひのきしんと教えられる」（『天理教教典』）

用語解説

【ひのきしん】
ひのきしんに漢字を当てると日の寄進となるところから、一般には「日々の寄進」と解されていますが、「日を寄進すること」、すなわち、一日の働きをお供えする、という解釈もあります。いわば、時間のお供えです。まさに時間は貧富の別なく平等に与えられています。

とあります。すなわち、ひのきしんは、日々の絶えざる喜びの行いであり、その姿は千種万態です。信仰のままに、感謝の心から、喜び勇んで事に当たるならば、それはことごとくひのきしんとなります。

やしきハかみのでんぢやで
まいたるたねハみなはへる　（七下り目　8）

とありますように、ひのきしんは本来、おぢばへの伏せ込みを第一義としますが、その理を受ける教会への伏せ込みや、より広義には親神様のお喜びくださる行いすべてをも指すということができます。

原典から

「たすけとても一日なりともひのきしん、一つの心を楽しみ。たすけふしぎふしん、真実の心を受け取るためのふしぎふしん」
（おさしづ　明治23年6月15日）

土持ちひのきしんの様子（明治43年）

＊関連項目……97〜106ページ「ひのきしんをする」

原典

親神様《おやがみさま》じきじきの啓示の書である『おふでさき』『みかぐらうた』『おさしづ』を三原典といい、本教の教義はこれらに基づきます。

『おふでさき』は、神のやしろとなられた教祖《おやさま》が、自《みず》ら筆を執って記された書き物で、十七号、千七百十一首のお歌からなっています。教えの全容が述べられていますが、特につとめ（↓42ページ）の完成を最大の眼目としています。

『みかぐらうた』は、つとめの地歌として教えられたもので、五節からなり、かぐらの地歌（第一節～第三節）と、てをどりの地歌（第四節＝よろづよ八首、および第五節＝一下り～十二下り）に分かれます。手振りが付き、特に後者は数え歌になっていることから、最も身近で親しみやすい教えの書でもあります（↓8ページ）。

『おさしづ』は、教祖ならびに本席様《ほんせきさま》による口述の教えを筆録したものです。親神様の方からその時々に応じて神意を述べられたものを「刻限のさしづ」、人間の側からの伺《うかが》いに対して答えられたものを「伺いのさしづ」といいます。

教義書

『天理教教典』

原典に基づき、教会本部が教義の大綱を体系的に編述した書物。信仰の基準となる正統教義を示すとともに、信仰生活の拠《よ》り所ともなるものです。全十章からなり、前後各五章の前篇、後篇を、それぞれ内容によって教理篇、信仰篇とも称します。昭和二十四年（一九四九年）刊行。

『稿本天理教教祖伝』

教会本部が編纂《へんさん》した教祖中山みき様の伝記で、唯一の権威本教祖伝です。「おふでさき」に基づき、史実を踏まえて編述されたもので、教祖のひながたをたどるという信仰実践の基準ともなるものです。昭和三十一年刊行。

『稿本天理教教祖伝逸話篇』

『稿本天理教教祖伝』が理を明らかにすることを主眼とするのに対し、信者たちを教え導かれた教祖の親心あふれるお姿をほうふつとさせる二百編の逸話を収録したものです。昭和五十一年刊行。

真柱《しんばしら》

中山眞之亮《しんのすけ》　初代真柱様

中山 正善《しょうぜん》　二代真柱様

中山善衞《ぜんえ》　三代真柱様

「おふでさき」には、「内を治める真柱《しんばしら》」、「この世を始めた神の真柱」などと、天理教の統理者としての真柱を指す場合と、かんろだいを意味する場合とがあります。教団の中心としての真柱は、祭儀を司《つかさど》り、さづけの理を渡し、事情の運びをするとともに、祭儀、教義の裁定などの重要事項を管掌《かんしょう》されます。

中山善司《ぜんじ》　現真柱様

実践のかどめ

おつとめをする

教会

「みかぐらうた」(↓56ページ)に、

どうでもしん〳〵するならバ
かうをむすぼやないかいな
（五下り目　10）

とあるように、教祖《おやさま》は早くから、「講」を結ぶように促されました。そして、教祖が現身《うつしみ》をかくされた翌年、明治二十一年（一八八八年）、ぢばに教会本部が設置されたのを契機に、各地に結成されていた講から次々と教会が誕生しました。

教会には、親神様目標《おやがみさまめどう》と教祖目標、ならびに歴代会長、ようぼく・信者の霊《みたま》が祀《まつ》られます。教会本部と各地の教会は、「息一つのもの」と教えられるように、ぢばの理を戴《いただ》き、本部を中心として、教会が四方八方に伸び広がるところに世界たすけの御業《みわざ》は進められていきます。

教会は、親神様の思召《おぼしめし》を伝え広めるたすけ一条の道場であり、それぞれの地域社会における陽気ぐらしの手本雛型《ひながた》と教えられています。教会に寄り集うようぼくは、常に人をたすける心を培い、実動に励むとともに、信仰の喜びを分かち合い、一手一つにたすけ合って、その実を挙げるよう努めることが大切です。

会長は教会の芯《しん》として、ようぼくを丹精し、教会の使命である「おつとめと布教」の遂行につとめます。

日本国内各地、そして海外にも教会はあり、その数、約一万七千に及びます。

教会が設立されるには、たすけられた人がおたすけに努め、たすけられた人々の喜びを集めて教会本部に願い出て、お許しを頂きます。

願い出に当たっては、おさづけの理を戴いたようぼくが十六人以上、そのうち教人《きょうと》（→140ページ）が五人以上と決められています。ようぼくは、それぞれの教会を構成する大切な一員なのです。

ひとくちメモ

本部 ─┬─ 大教会（部内教会50カ所以上）── 分教会（ようぼく16人以上 うち教人5人以上）
　　　└─ 分教会

教会には、教会本部直轄の直属教会と、直属教会に所属する部内教会の別があります。海外の教会は分教会ではなく「教会」と呼んでいます。

また、規模によって大教会（部内教会50カ所以上）と、分教会に分かれます。大教会は、すべて本部直属教会です。

布教所

教祖《おやさま》に重い病をたすけていただいた先人が「この御恩は、どうして返させて頂けましょうか」と尋ねたところ、教祖は「人を救《たす》けるのやで」と仰せられ、「どうしたら、人さんが救かりますか」との重ねての問いに「あんたの救かったことを、人さんに真剣に話《はなし》さして頂くのやで」と仰せられたといいます（『稿本天理教教祖伝逸話篇』一〇〇「人を救けるのやで」）。

親神様《おやがみさま》、教祖への一番のご恩返しは、にをいがけ（↓82ページ）・おたすけ。たすけていただいた元一日の喜びを忘れず、人だすけに努めることを誓って開設するのが「布教所」です。

布教所を開設するには、教会のような人数や建物等に関する決まりは特にありません。所長となる人がようぼくであればいいのです。直属教会長に開設を願い出て、これを承認した直属教会長が本部に届け出をすることになっています。

布教所は現在、国内外に一万七千余カ所。一人でも多くの人にたすかっていただきたい、親神様の思召《おぼしめし》を伝えたいと、地域社会で活動しています。

講社

ようぼく宅には、願い出によって神実様《かんざねさま》をお祀《まつ》りすることができます（→71ページ）。

その中で、布教所として本部に届け出たところ以外のものを一般に「講社」と呼んでいます。直属教会によっては、「集談所」「寄所《よりしょ》」「講」などと呼んでいるところもあります。

日供神饌《にっくしんせん》（毎日のお供え物）、朝夕の礼拝などは、基本的に教会に準じますが、特に定めはありません。また多くは、月に一度、日や曜日を決めて所属教会長や会長に代わる人が訪問し、家族そろって講社祭を勤めています。その内容も、教会の月次祭《つきなみさい》（→72ページ）に準じたものから、座りづとめだけのところや、てをどりまなび（→76ページ）も行うところなどと、さまざまです。それぞれの家庭に応じて勤められているようです。

家族が朝夕に親神様、教祖にお願いやお礼を申し上げ、そして、月に一度、神様を中心に顔をそろえ、心をそろえることが大切です。

おぢばがえり

親里《おやさと》・ぢば（↓34ページ）へ足を運んで参拝することを、故郷《ふるさと》へ帰るという意味を込めて「おぢばがえり」といいます。月次祭《つきなみさい》、大祭（↓42、43ページ）をはじめ、節目節目にはおぢばへ帰って、私たち子供の帰りをお待ちくだされている親神様《おやがみさま》、教祖《おやさま》に親しくご挨拶《あいさつ》し、お礼やお願いを申し上げましょう。

親神様は人間の創《つく》り主、ぢばはあらゆるご守護の源泉地です。私たちの心の真実をお受け取りくだされてどんなご守護も下さいます。

親里では月々の祭典のほかにも、夏のこどもおぢばがえりなど、さまざまな行事が開催され、をやを慕って帰り集う大勢の人々でにぎわいます。

日ごろは、それぞれの教会に足を運びましょう。教会は親神様、教祖のお出張《でば》りくださる土地所の参り所です。そして、ようぼくは世界たすけの拠点ともいうべき教会の一員であることを忘れてはなりません。

原典から

「本部という理あって他に教会の理同じ息一つのもの。この一つの心治めにゃ天が働き出来ん」（おさしづ　明治39年12月13日）

参拝の仕方

- かんろだいに向かって正座
- 両手をついて一拝
- 拍手4つ
- 両手をついて礼拝

お願い事やお礼などを申し上げる

- 拍手4つ
- 両手をついて一拝

●本部神殿では……神殿・礼拝場《らいはいじょう》（↓108ページ）では、まず、かんろだいに向いて正座。両手をついて一拝し、四回手をたたいて（四拍手）両手をついて礼拝をします。お願い事やお礼、またお詫《わ》びやお誓いなどを申し上げます。礼拝が終わったら四拍手し、両手をついて一拝します。

　神殿では多くの人は、朝夕のおつとめと同じ手振りのおつとめをして参拝します。教祖殿《きょうそでん》、祖霊殿《それいでん》では、一拝・四拍手・礼拝・四拍手・一拝をして、参拝します。

●教会では……各地の教会では、中央に親神様、右に教祖、左に祖霊様《みたまさま》が祀《まつ》られています。親神様、教祖、祖霊様の順に、それぞれ一拝・四拍手・礼拝・四拍手・一拝をして参拝します。もちろん、朝夕と同じ手振りのおつとめをして参拝すれば、よりていねいです。

朝づとめ・夕づとめ

各地の教会では毎日、「朝づとめ」「夕づとめ」が勤められています。

教会本部では、日の出と日の入りを基準に時刻を決めて勤められます（→次ページに表）。一般の教会は、それぞれに時刻を定めて勤めます。できる限り参拝したいものです。

おつとめでは、拍子木《ひょうしぎ》、ちゃんぽん、太鼓、すりがねに合わせて、参拝者全員が「みかぐらうた」第一節から第三節（→8ページ）までを唱え、お手を振ります。

朝には、十全《じゅうぜん》なるご守護に生かされていることにお礼申し上げ、今日一日、思召《おぼしめし》に沿って勇んで勤めることをお誓いし、また今日も無事無難に健《すこ》やかにお連れ通りいただけますようにとの願いを込めて勤めます。夕べには、一日を結構にお連れ通りいただいたお礼と反省、そして明日への祈りを込めます。

教会では、朝づとめの前に神殿の内外を清掃し、神饌《しんせん》をします。教会が近くにあって可能な人は、ぜひとも感謝の気持ちを込めて、会長さんと共に勤めさせていただきたいものです。

また、朝夕のおつとめの後には、てをどりの稽古《けいこ》（→76ページ）や、『おふでさき』（→56ページ）・『諭達《ゆたつ》』などの拝読、さらに教話《きょうわ》の取り次ぎなど、教えを治め、心を磨く時間が持たれています。

教会本部おつとめ時刻

月日	朝	夕
1月1～15日	7：00	5：00
16～31日	7：00	5：15
2月1～15日	7：00	5：30
16～29日	6：45	5：45
3月1～15日	6：30	6：00
16～31日	6：15	6：30
4月1～15日	6：00	6：30
16～30日	5：45	6：45
5月1～15日	5：30	7：00
16～31日	5：15	7：15
6月1～30日	5：00	7：30
7月1～15日	5：00	7：30
16～31日	5：15	7：30
8月1～15日	5：30	7：15
16～31日	5：30	7：00
9月1～15日	5：45	6：45
16～30日	6：00	6：30
10月1～15日	6：00	6：00
16～31日	6：15	5：45
11月1～15日	6：30	5：30
16～30日	6：45	5：15
12月1～31日	7：00	5：00

日参のすすめ

毎日、本部神殿や教会に参拝することを日々の参拝「日参」といいます。

私たちは、親神様《おやがみさま》から身体《からだ》をお借りし、日々絶えることのないご守護の中で生かされています。その喜びと感謝、そして真実の心を運ばせていただきましょう。「おさしづ」に「日々《にちにち》運ぶ尽《つく》す理を受け取りて日々守護と言う」（明治26年12月6日）と示されるように、親神様は、日々に運び尽くす真実をお受け取りくださって、結構にご守護くださいます。また、たゆみない心の成人をお見せいただけます。

ようぼくは、できる限り教会の朝夕のおつとめに参拝しましょう。時間の合わない人は、仕事帰りなどに足を運ぶよう心掛けたいものです。

教会から遠く離れている人は、日々の思いをつづって、ハガキや手紙などを教会に送る方法もあります。

ひとくちメモ

教会での朝夕のおつとめも、教会本部にならって教服（→78ページ）を着用して勤められます。参拝者はハッピ（→79ページ）を着るのが一般的になっていますが、ない場合は私服でもかまいません。神様に失礼にならない服装を心掛けましょう。

神《かん》実《ざね》様《さま》を祀《まつ》り込む

「かしもの・かりもの」の理（↓46ページ）を聞き分け、日々に感謝の念を湛《たた》えて生活しているつもりでも、ともすれば、それを忘れがちなものです。わが家に神実様《かんざねさま》をお祀《まつ》りし、朝夕にお礼を申し上げましょう。また、うれしい時、困難にぶつかった時など、何かにつけて神前に向かうことによって心は安らぎ、勇みがわいてきます。それは、自分を見つめ直し、心を澄ますひと時でもあります。

親神様を中心に喜びと感謝をもって暮らすことで、自《おの》ずと親から子、子から孫に幸せの種である信仰が受け継がれ、陽気ぐらしの家庭が実現していきます。就職や結婚などで子どもたちが家を離れる時には、ぜひとも新しい住居に神実様を祀り込むようにしたいものです。

ひとくちメモ

神実様を祀り込むときには、それぞれの所属教会に願い出てください。教会本部から直属教会に下付された神実様を、所属教会を通してお祀りいただけます。朝夕のおつとめ、日供神饌《にっくしんせん》（毎日のお供え物）や講社祭の勤め方は、それぞれの教会の会長さんとご相談ください。

月次祭《つきなみさい》に奉仕する

それぞれの教会は、教会本部からお許しを頂いた日に、春と秋の大祭、および毎月の月次祭を勤めています。ぢばで勤められる「かぐらづとめ」(→42ページ)の理を戴《いただ》いて勤める意義深いものです。

ただし教会では、まず「座りづとめ」を勤め、続いて十二下りのてをどりを勤めます。

おつとめは、教会の何よりも大切な使命です。教会に所属するようぼくは、お手振り、鳴物《なりもの》の人数が欠けることのないよう、進んでおつとめ奉仕を心掛け、勇んで一手一つに陽気なおつとめをさせていただきましょう。

ひとくちメモ

教会本部で「かぐらづとめ」を勤める人を「つとめ人衆」と呼んでいますが、一般教会の祭典でおつとめを勤める人は「おつとめ奉仕者」と呼びます。

おつとめ奉仕者の位置

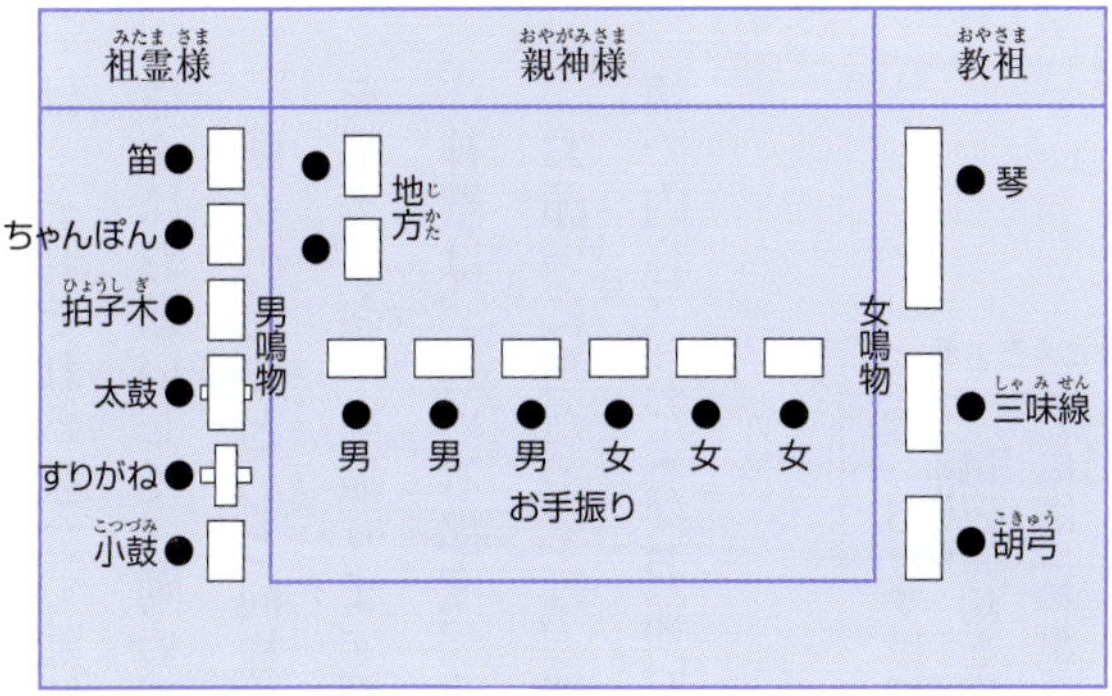

上図のように、お手振り６人、鳴物９人、地方１～３人の計16～18人で勤めます。おつとめは「座りづとめ」「てをどり前半」「てをどり後半」の３交替で勤められるので、「おつとめ奉仕者」は50人以上いることが望ましいといえます。

ひとくちメモ

教祖《おやさま》は、おつとめの実行をお急《せ》き込みくださいましたが、「稽古《けいこ》出来てなければ、道具の前に坐《すわ》って、心で弾《ひ》け。その心を受け取る」（『稿本天理教教祖伝逸話篇』五四「心で弾け」）との親心もお掛けくださいました。

日々、お手振り、鳴物の稽古に励むとともに、ようぼくとしては、たとえ自信がなくても尻込《しりご》みすることなく、おつとめ衣《ぎ》（→78ページ）を着て、心を込めて勇んで勤めさせていただきたいものです。

お願いづとめ

重い身上《みじょう》（病気）の平癒《へいゆ》や事情のもつれの解決を願って勤める「お願いづとめ」は、それぞれの教会で随時、勤められています。悩み事のある時は、教会の会長さんにお願いして、勤めていただくとよいでしょう。

朝夕のおつとめと同様に「みかぐらうた」第一節から第三節（→8ページ）までを唱え、お手を振りますが、たいていは拍子木《ひょうしぎ》と数取りのみで勤めます。

神饌《しんせん》は、勤める都度、改めます。

お願いに当たっては、悩む人の住所・氏名・年齢と、病名や病状（あるいは事情の内容）、およびお願いの筋を申し上げます。

ひとくちメモ

おたすけに掛かっている人が多い教会などでは、朝夕のおつとめの後や、毎日時刻を定めて、お願いづとめを勤めているところがあります。その際には、神饌を改めた後、お願いする人の住所・氏名など(右記)を順に言上《ごんじょう》して、おつとめを勤めます。

冠婚葬祭

教会では、結婚式を執り行うこともあります。式では、新郎新婦は主礼《しゅれい》（会長や役員が務めます）に続いて教祖《おやさま》の御前に進み、主礼が新郎新婦に代わって「誓詞《せいし》（ちかいの言葉）」を読み上げます。二人が心を合わせて陽気ぐらしの家庭を築き、ようぼくとして成人していくことをお誓い申し上げるのです。

続いて、参列者全員でおつとめをします。お願いづとめの時と同じように、拍子木と数取りのみで勤め、主礼が拍子木を勤めます。

また、葬儀の世話もしてもらえます。「出直し」（→50ページ）の教えにのっとって行われ、葬儀では故人の生前の遺徳をしのび、早く新しい身体《からだ》を借りて、再びこの世に生まれ替わってくるようにと祈念します。式に際しては、地域の教友が協力することもあります。

お手振りを学ぶ

教会本部では毎日、朝づとめの後に教祖《おやさま》の御前で、てをどりを二下りずつ、参拝者全員で勤めます。これを「てをどりまなび」と呼んでいます。それぞれの教会でも、これにならって朝夕のおつとめの後に、神殿でまなびを勤めています。「まなび」は学び。古来は「真似《まね》び」で、真似ること。師匠や先輩の技を真似ることから、学習、学問といった意味に使われてきました。

お手振りも、まずは真似、慣れることです。お歌、手振りに込められた理合いを味わいつつ勤めるのが理想ですが、まずは教会のおつとめに参拝し、先輩と共に「まなび」を勤めて、見よう見まねでお手を振ってみることです。

ひとくちメモ

教祖は「これは、理の歌や。理に合わせて踊るのやで。たゞ踊るのではない、理を振るのや」「つとめに、手がぐにや〳〵するのは、心がぐにや〳〵して居るからや。一つ手の振り方間違《まちご》ても、宜敷《よろしく》ない。このつとめで命の切換《きりかえ》するのや。大切なつとめやで」（『稿本天理教教祖伝』）と、おつとめの理の重さを教え示されました。

鳴《なり》物《もの》を学ぶ

おつとめに用いられる鳴物《なりもの》は九つ。男鳴物は、笛、ちゃんぽん、拍子木《ひょうしぎ》、太鼓、すりがね、小鼓《こつづみ》。女鳴物は、琴、三味線《しゃみせん》、胡弓《こきゅう》です。どれも、教会の月次《つきなみ》祭《さい》では欠かせない鳴物ですので、普段から練習をして、勇んで奉仕させていただきたいものです。

練習はお手振りと同じように、最初はできる人について教えてもらうとよいでしょう。音の出し方や要領が分かったら、それぞれの鳴物の『練習譜』が道友社から発行されています。「みかぐらうた」の文字の横に、奏でる個所や音が記号や数字で表記されていますので、独習することも可能です。

また、男鳴物、女鳴物などの参考ＤＶＤも出されています。

祭服

教服　　おつとめ衣

天理教の祭服として「おつとめ衣《ぎ》」と「教服」があります。

「おつとめ衣」は、恒例祭（大祭・月次祭《つきなみさい》）や奉告祭、記念祭などでおつとめを勤める際に着る衣装です。教紋（梅鉢《うめばち》）の黒紋付（五ツ紋）で、男子は袴《はかま》を着用し、女子は帯を太鼓に結び、男女共に白足袋をはきます。

「教服」は、朝夕のおつとめ、年祭、信者宅の祭儀などで着ます。

ひとくちメモ

結婚式では、主礼《しゅれい》、新郎新婦ともにおつとめ衣を着ます。黒のおつとめ衣は、一般の結婚衣裳を見慣れた人にはなじみがないかもしれませんが、ようぼくの正装を身につけて、教祖《おやさま》の御前で門出のお誓いをするのです。

ハッピ

黒地で背中に大きく「天理教」、襟《えり》にはそれぞれの教会名などが白く染め抜かれているハッピ。もともとはひのきしんをする際の作業着でしたが、現在ではいろいろな場合に使われています。

親里《おやさと》では本部勤務者や修養科生などが制服と同じように日常的に着用しています。また、親里や各地の行事、式典などで、ハッピの下にネクタイを締める（女性は白のブラウスを着る）などして、改まった装いとして使われることもあります。

さらに、本部や教会の朝夕のおつとめや恒例祭に参拝する時、また、お手振りや鳴物の練習、教義の勉強会など、心を正して親神様《おやがみさま》に向き合ったり、教えを求める時にも着用されます。

親里ばかりではなく、国々所々で、「全教一斉ひのきしんデー」（→106ページ）などでハッピを着てひのきしんに勤《いそ》しむ教友の姿を目にすることができます。

にをいがけ・おたすけをする

にをいがけ

「にをいがけ」とは、匂《にお》い掛《が》け。お道の匂いを、親神様《おやがみさま》を信仰する者の喜び心の匂いを、人々に掛けていくことをいいます。真のたすかりの道にいざなうための働き掛けです。親神様のありがたさを世の人々に伝え、信仰の喜びを広め分かち合うことは、何よりのご恩報じの実践です。

にをいがけは、単なる宣伝や勧誘ではありません。また、人にお話をするという形だけに限定されるものでもありません。花の香りや良い匂いが自然に周囲に広まって人が寄り集うように、日々常に教祖《おやさま》のひながた（↓28ページ）を慕い、ひのきしん（↓54、98ページ）の態度で歩ませていただく姿が、無言のうちにも周囲の人々の胸に言い知れぬ香りとなって映り、人の心を惹《ひ》きつけてゆくのです。

たとえば、近所の公園や道路のゴミ拾いなどのひのきしん、あるいは、職場や地域での明るく親切なふるまいや率先しての行動は、自《おの》ずと成程《なるほど》の人として、道の匂いを周囲に映していくことでしょう。

そうした実践の上に、一人でも多くの人に、一日も早く親神様の思召《おぼしめし》を知ってもらい、ご守護のありがたさを味わっていただけるように、積極的に声を掛け、ひと言のお話も取り次がせていただく、また、パンフレットの一つも読んでもらえるように努めることが大切です。たとえ十分には聞いてもらえなくても、精いっぱいの真実を込めて語り掛ける、それが大切なにをいがけです。

人をたすけて、わが身たすかる

「おふでさき」に、「しんぢつにたすけ一ぢよの心なら　なにゆハいでもしかとうけとる」（三　38）、「わかるよふむねのうちよりしやんせよ　人たすけたらわがみたすかる」（三　47）と教え示されています。人にどうでもたすかっていただきたいと願い念じ、真実を込めてにをいがけに努める中に、結果として自らも結構なご守護を頂戴《ちょうだい》することができます。『稿本天理教教祖伝逸話篇』四二「人を救《たす》けたら」には、そうした先人の姿が記されています。

また、中山正善《しょうぜん》二代真柱《しんばしら》様（→58ページ）は、人だすけに励む姿自体がたすかっている姿だと、ご教示くださいました。

にをいがけは、まず身近なところから。家族、親戚《しんせき》、友人、隣近所、同僚などに、平生から教えに基づくひと言の声がけに努めたいものです。また、おぢばにお誘いするのもいいでしょう。そのためにも日ごろからの信頼関係が大切です。

なかには、耳を貸してくれない人もあるでしょう。しかし、どのように言われても、自分の心をつくってくれる恩人だとお礼を言う心になり、にこやかに受けて通るうちに、心のほこり（↓48ページ）が払われ、やがて、にをいの掛かるご守護を頂けるようになります。

教祖《おやさま》のお供《とも》をして

「子供可愛《かわ》い故《ゆえ》、をやの命を二十五年先の命を縮めて、今からたすけするのやで」（おさしづ　明治20年2月18日）。教祖は今もご存命で、日夜、世界たすけにお働きくださっています。ようぼくは、その教祖の「道具衆」です。先輩ようぼくたちは、にをいがけ・おたすけで訪問する時、まず教祖にお入りいただき、そのお供をさせていただくという気持ちで勤めたといいます。

教祖のお供。勇み心がわいてきませんか。

にをいがけ――身近なところから

にをいがけの応援グッズ

本教の広報出版部門である道友社では、にをいがけ用のパンフレットやチラシのほかに、月刊の『天理時報特別号』、書籍、ＤＶＤ、お話の録音テープやＣＤなど、にをいがけを志《こころざ》すようぼくを応援する、さまざまなツール（道具）を用意しています。

親里の天理本通りに販売所（おやさと書店）が２店ありますので、本部参拝の際に、のぞいてみてください。あの人、この人と、にをいを掛けたい人を思い浮かべながら手にとってみれば、きっと役に立つものが見つかるはずです。

月刊の『天理時報特別号』（上）と、
ＣＤ『家族円満セレクション』

ひとくちメモ

《陽気ぐらし講座に誘う》

支部では、「陽気ぐらし講座」が随時開かれています。教えを知らない人を対象に、信仰の喜びを分かりやすく伝えるための講座です。開催については教区・支部（→105ページ）でお尋ねください。

わが子に信仰を伝えよう

わが子に信仰の喜びを伝えることも、にをいがけの一つであり、実に大切なことです。子どもは子どもの自由に――と考える人がいます。しかし、進学、就職、結婚と人生を歩んでいく中には、壁にぶつかったり、病に倒れたり、人間関係に悩んだりすることが必ずあるものです。そんな時、心を支え、思案の拠《よ》り所となる信仰を伝え、育《はぐく》むことは、大切な親の務めでしょう。

子どもは強制や押し付けでは育ちません。両親の日常の生活態度が知らず知らずのうちに子どもの心を感化していくのです。子どもは正直ですから、親の言う通りではなく、親のしているようにするものです。夫婦が仲良くたすけ合い、苦しい時にも愚痴をこぼさず、感謝の心を忘れない、そんな明るく陽気な暮らしぶりが家庭円満の元であり、子が信仰を受け継ぐ「縦の伝道」の基本でしょう。

「おさしづ」（→56ページ）に、「もう道というは、小さい時から心写さにゃならん。そこえ〳〵年取れてからどうもならん」（明治33年11月16日）と教えられていますが、思春期を迎え、さまざまな問題が起きてからではなかなか難しいものです。

子どもが間違いなく道を歩んでいけるように、幼いうちから共に教会に運び、共にひのきしん（↓54、98ページ）に勤《いそ》しみ、折にふれて親神様《おやがみさま》、教祖《おやさま》のお話を取り次ぐようにしたいものです。

神様中心の暮らし

縦の伝道のためにも、家庭に神実様《かんざねさま》を祀《まつ》り込みたいものです（↓71ページ）。朝夕に共に手を合わせることを通して、かしもの・かりもの（↓46ページ）のありがたさを教える。身上障《みじょうさわ》りを頂いた時には神様の前でおさづけ（↓44ページ）を取り次ぐ。そのほか、人生の折り目節目に、お願いし、お礼申し上げる積み重ねが、子どもの心に信仰を育んでいきます。

ひとくちメモ

《少年会活動》
少年会本部では、子育て最中の親のために『さんさい』、小中学生向けに『リトルマガジン』（ともに月刊・↓155ページ）を発行しています。また、教会や教区・支部では、定期的に少年会活動を実施しているところもあります。これらを活用し、幼いうちから仲間づくりを心掛けることも大切です。

おさづけの理拝戴《はいたい》

おさづけの理（↓44ページ）は、「別席」（↓130ページ）のお話を九回聴かせていただき、澄み切った心で願い出るところにお渡しくださいます。おさづけの理拝戴時に頂く「おかきさげ」は、ようぼくの〝心の定規《じょうぎ》〟ですから、繰り返し拝読し、しっかりと身につけましょう。

ようぼくは、病む人に進んでおさづけを取り次ぎましょう。親神様《おやがみさま》は、どうでもたすかっていただきたいと願うようぼくの誠真実と、取り次ぎを受ける者の真実の心定めを受け取って、どんな病気でもおたすけくださいます。

そのためにも、身上《みじょう》を通してまで成人をお促しくださる親神様の思召《おぼしめし》をしっかりお話しし、思召に沿う心に近づいてもらえるよう努めなければなりません。

付記

おさづけの理は、たすけ一条を誓う一名一人の真心に、ご存命の教祖《おやさま》から真柱《しんばしら》様（↓58ページ）を通して渡されます。「国の土産《みやげ》、国の宝」（おさしづ　明治31年12月30日）と教えられる尊いものですが、「道具でもどんな金高《かねだか》い値打《ねうち》でも、心の理が無くば何《なん》にもならん」（同　明治23年7月7日）と示されるように、取り次ぐ人の誠真実が肝心です。

おさづけ取り次ぎ時の心得

おさづけの取り次ぎは、親神様《おやがみさま》、教祖《おやさま》が何よりもお喜びくださる尊い人だすけのご用を勤めさせていただくことです。

親神様の思召《おぼしめし》は、世界中の人間を一日も早くたすけ上げ、陽気ぐらしをさせたいというたすけ一条にあります。ようぼくは、この思召を体し、その自覚を持って、積極的におさづけを取り次がせていただきましょう（おさづけの取り次ぎ方については、『仮席の栞《しおり》』を参照してください）。そこに自らも「たすける理がたすかる」結構をお見せいただけます。

ご守護を頂くには、親神様にお受け取りいただける誠真実が何よりも大切ですが、一方「医者、薬は修理肥《しゅうりごえ》」と仰せられ、決して医薬を否定してはおられません。

用語解説

【たすけ一条】

「おふでさき」ではおおむね、親神様のひたすら人間をたすけてやりたい親心を意味しますが、ようぼくがその思召を受けて、人だすけに専心することを指す場合もあります。一般にはようぼくの心構えとして、後者の意味で使われることが多いようです。

お話を取り次ぐ

おさづけの取り次ぎに際しては、まず日々頂戴《ちょうだい》している親神様《おやがみさま》のご守護のありがたさを納得していただけるようお話しします。

その場合、議論をしたり、相手を説き伏せたりするような態度は慎まねばなりません。相手は病気で悩み苦しんでいるのですから、優しくいたわりながら親神様の教えを伝え、心に治めてもらえるよう、真実をもって取り次がせていただきましょう。

病状が重く意識がないなど、本人に話ができないような場合、家族の人にお話をさせていただきます。そして、家族と共に心定めをし、親神様にお願いをして、病人におさづけを取り次ぎます。重い心の病に罹《かか》っている人の場合も同様にして取り次ぎます。

また、十五歳未満の子どもの病気の場合は、親にお話を取り次ぎ、親と共

原典から

「小人《しょうにん》々々は十五才までは親の心通りの守護と聞かし、十五才以上は皆めん〳〵の心通りや」

（おさしづ　明治21年8月30日）

に心を定め、子どもにおさづけを取り次ぎます。

ひと言のお話を

「話一条はたすけの台」と教えられています。ですから、おさづけを取り次ぐだけで、お話をひと言も取り次がないようなことでは十分とはいえません。しかし、「どのようにお話しすればよいのか分からない」という人も少なくないのではないでしょうか。

その方法の一つとして教祖《おやさま》は、『稿本天理教教祖伝逸話篇』の中で、「あんたの救《たす》かったことを、人さんに真剣に話《はな》さして頂くのやで」(一〇〇「人を救けるのやで」)と仰せになりました。

また、かつては、「おさづけの理を戴《いただ》いた者は、『十全の守護』(↓38ページ)と『八つのほこり』(↓49ページ)のお話だけでおたすけに出向いていった」とも聞きます。「かしもの・かりものの理」(↓46ページ)をはじめ、こうした基本教理を学び、身につけることは、おたすけに際しても役立ちます。

事情のおたすけ

激しい社会変動の中で、今日では身上《みじょう》のおたすけばかりでなく、事情に悩む人のおたすけへの取り組みが強く求められるようになってきました。

特に、工業化、都市化する過程で、核家族化が進み、さらにその家族の崩壊がささやかれるなど、人間関係はますます希薄になる一方です。

村社会のしがらみや、嫁姑《よめしゅうとめ》など大家族の中での葛藤《かっとう》から解放された気楽さの半面、身近に相談する人もなく、人知れず悩みを抱えている人が少なくありません。対人関係のトラブルや多重債務などの金銭事情をはじめ、非行、引きこもりなどの青少年問題、特に、家庭を巡る諸問題は深刻さを増しています。

こうした事情全般について言えることは、「我さえ良くば、今さえ良くば」の心遣いが問題の根底にありはしないかということです。自分中心の考え方、目先のことしか眼中にない生き方を反省し、転換することで、運命もまた切り換わっていきます。

〈夫婦の一手一つが基〉

なかでも、社会の基盤である家族の絆《きずな》の弱まりは、社会全体に暗い影を落とさずにはいません。

お道の教えでは、家族関係について、特に夫婦のあり方に重点を置いて懇切《こんせつ》に教示されています。『ちよとはなし』のお歌には、「このよのぢいとてんとをかたどりて　ふうふをこしらへきたるでな　これハこのよのはじめだし」とあります。親神様《おやがみさま》は、陽気ぐらしを目標に人間世界を創造するに際して、まず、夫婦の雛型《ひながた》をおこしらえになったという元初《もとはじ》まりの話（↓36ページ）からも分かるように、天地抱き合わせの理を象《かたど》った夫婦の一手一つこそが家庭の治まり、ひいては世の治まりの基であると諭されています。

家族の問題の責任がまず親にあり、親が親としての役割を十分に果たすためには、夫婦の和が欠かせないのは明らかです。常日ごろから教えに照らして夫婦のあり方を見つめ直し、正す心掛けが大切です。

〈ひながたは親心のお手本〉

また、本教では、神と人間とは親子と教えられています。教祖《おやさま》は口に筆に子供かわいい親心のほどを縷々《るる》お述べくださるとともに、身をもって万人《ばんにん》のひながた（↓28ページ）をお示しくださいました。まさに、親としての心遣いのこの上ないお手本です。

家族間の事情については、まず、銘々《めいめい》の通り方を、このように懇切にお教えいただく夫婦、親子のあり方に基づいて振り返ることが大切です。

家族の事情は何も親だけの責任ではありません。世の中の動きやさまざまな人間関係など、社会的な影響もあるでしょう。しかし、それはそれとして、社会の波風から今、子どもを守ることは親の大切な役目です。

〈おたすけに際して〉

イ、まず、当事者の悩みをじっくりと親身になって聞くことです。だれかに聞いてもらうだけで肩の荷が下り、随分《ずいぶん》気持ちが楽になるものです。
ロ、本人が置かれている状況を認識するためにも、現在に至るまでの経緯や、考えられる対処の方法を冷静に話し合います。場合によっては法的な対応や各種機関の助けを必要とする場合もあります。
ハ、根本は親神様の思召《おぼしめし》に適《かな》うように心の向きを切り換えることです。その場合にも問題行動を起こしている当人だけでなく、家族のだれからでも、気づいた者から心を入れ替え、定めて、実行することが肝心《かんじん》です。
教えを定規《じょうぎ》に反省、思案する手掛かりを示すとともに、談じ合って心の入れ替えを促し、併せて何か具体的な実践について助言できれば、なおいいでしょう。

どんな場合も、おたすけに際しては、わが事と受け止めて真実を尽くすことが大切です。そして、共々に親神様に真実込めてお願いさせていただきましょう。

ひのきしんをする

ひのきしん

つくし・はこび

地域活動のすすめ

ひのきしん

私たち人間は親神様《おやがみさま》から身体《からだ》をお借りし、日々常々絶えざる親神様の十全《じゅうぜん》の守護（↓38ページ）を頂戴《ちょうだい》して生きています。ひのきしんとは、そのご恩に報いる感謝の心からの行為であり、日常生活の中で絶えず心掛けさせていただくものです。つまり、かしもの・かりものの理（↓46ページ）が真に心に治まった時、その喜びと感謝が自《おの》ずから行動となって表れ出るのがひのきしんです。まさに、ようぼくらしい生き方、お道ならではの暮らし方ということができましょう。ぢばに伏せ込むひのきしん、それぞれの教会でのご用を始めとして、広く職場や地域社会で人の役に立つ活動などと、その表れ方は実にさまざまです。いずれも、親神様への感謝の心を根底に置いた、親神様にお喜びいただきたいという行為です。人が見ていようといまいと、倦《う》まずたゆまず積み重ねる真実の実践を、親神様がお受け取りくださるとともに、知らず知らずのうちに自分自身の心のほこりが払われ、勇みがわいてきて、運命が明るく開けてきます。

このひのきしんの実践の場は、親里《おやさと》や教会だけにとどまらず、公共施設の清掃

＊関連項目……54ページ「ひのきしん」

や福祉施設での活動、献血、天理教災害救援ひのきしん隊（↓101ページ）の活動など、地域社会での、信仰に基づく「たすけあい」の活動としても展開されています。

地域社会での実践

ひのきしんは基本的には、神恩報謝の思いからの一人ひとりの実践です。しかし、一人では行動しにくいという人も少なくありません。また、一人の力では及ばないこともあります。

そこで、教会や教区（都道府県単位）・支部（地域ごとに設定）では、日を決めて公共の施設などでひのきしん活動を行っています。また、毎年春には日を定めて「全教一斉ひのきしんデー」が行われます（↓106ページ）。

教友が合力しての活動は、一人では味わえない喜びや、勇み心がわいてきます。

ひのきしんスクール

ひのきしんに、決まった形態や内容はありません。それぞれが暮らしの中で見つけ、工夫して実行するものです。しかしながら、高度化・複雑化の進む現代では、地域社会で何かしたいと思っても、それなりの知識や技術が求められることがあります。

そこで、教会本部の布教部では、ようぼくを対象に「ひのきしんスクール」を開設。高齢者支援、精神障害者のお世話、図書修理など、より専門的な知識・技術を学ぶさまざまな講座を提供しています。

開催内容・日程・募集要項などは、下記のホームページをご覧ください。また、『天理時報』にも随時掲載しています。お問い合わせは、ひのきしんスクール事務局（0743㊸2314）まで。

講座の内容

ひのきしんの意義と実践
緑化ひのきしん
高齢者支援
精神の疾患と障害
話し方―講話上達法
カウンセリング
事情だすけ
家族への支援
図書修理
人づきあいの基本
―聴くこと・伝えること
障害への理解と支援

＊…http：//fukyo.tenrikyo.or.jp/h-sc/

ひのきしん

平成26年８月、豪雨による大規模な土砂災害に見舞われた広島市へ、近隣の教区隊が駆けつけ、土砂の除去作業などを行った

災害救援ひのきしん隊

集団でひのきしんを行うものの一つに「天理教災害救援ひのきしん隊」があります。本部の統括のもとに教区ごとに隊が組織されており、風水害、地震、噴火といった不時の災害に即応して出動。行政の手の行き届かない場所で地道な活動を展開し、大きな評価を得ています。

近年では、阪神《はんしん》・淡路《あわじ》大震災《だいしんさい》、北海道・有珠山《うすざん》噴火災害、新潟県中越地震、東日本大震災などの被災地にも出動しました。

また、平時は訓練としてキャンプ場や公園といった公共施設で、枯れ木の伐採《ばっさい》や遊歩道の造成といった活動も実施しています。

入隊を希望するようぼくは、それぞれの教区災害救援ひのきしん隊へお尋ねください。

つくし・はこび

原典から

「これまで運ぶ尽《つく》す理は、しいかり受け取ってある。生涯末代《まつだい》理に受け取ってある」（おさしづ　明治32年6月28日）

「真実の限りを尽くす」「真実込めて足を運ぶ」というのが文字通りの意味です。「おかきさげ」の中では、真実の心を尽くす、真実の心を運ぶという意味で使われ、さらにそれは人のためにすることではなく、わが事として勧めるよう諭《さと》されています。

また、汗を流しての働きの結晶でもある金銭を親神様《おやがみさま》への感謝の念と共にお供えすることを、「おつくし」といいならわしています。これは、お供えに込められた真実をささげるところからの呼び方です。その真実を親神様がお受け取りくださるばかりでなく、欲の対象となりがちな金銭をお供えすることで自《おの》ずと欲を離れる、すなわち、心のほこり（→48ページ）が払われることにもなります。

「はこぶ」には、「赴《おもむ》く」「実行する」という意味があることから、教会への参拝や、ひのきしんのために教会へ足を運ぶことを指したりします。

そのほか、おたすけに通うことを「おたすけに運ぶ」とか、また、「別席を運ぶ」といった使い方もされます。

ひとくちメモ

《心を供える》

「おさしづ」に、
「何を持って来たさかいにどうする、という事は無い。心に結構という理を受け取るのや。……頼もしい〳〵心供《こころそな》えば受け取る〳〵。泣く〳〵するようでは神が受け取れん」（明治35年7月20日）
とあります。感謝と喜びの心から、また、親神様のご用に使っていただきたいとの真実の心を込めてつくし、はこぶことが大切です。

ひとくちメモ

《思いを形に》

教会によっては、「日々の理」と名づけたお供え箱をようぼく家庭に備えているところがあります。一日を無事に終えられたお礼を親神様に申し上げる時に、その思いを形に表してお供えしているようです。
また、月次祭の参拝の時に一カ月の感謝を込めて、さらには結婚や誕生、入学、卒業、進学、就職、開店、家の新築など、人生の折り目節目に感謝と願いを込めてお供えをします。

地域活動のすすめ

ようぼくは皆、どこかの教会に所属しています。私たちそれぞれの命が、両親、祖父母……から受け継がれてきたように、この道の信仰は教祖《おやさま》お一人に始まり、たすけられた人が新しい人に道を伝え、たすけ・たすけられた人のつながりによって、本部直属教会から部内教会、そしてそこに所属するようぼくへと伝わってきました。こうした結びつきは〝親子関係〟にもなぞらえられます。

しかし現在では、社会の流動化に伴って、仕事や結婚、学業の関係で移り住む人や、地域を越えてにをいの掛かった人など、所属教会から遠く離れて暮らすようぼくが少なくありません。教会から離れていると、たとえ熱心な信仰を持っていても、地域でのひのきしんやにをいがけなどに、一人あるいは自分の家族だけで参加することは、なかなかできないものです。

そこで、同じ地域に住む〝道の兄弟姉妹《きょうだい》〟としての活動が生まれてきました。教会系統に対して、地域活動とも呼ばれています。所属する教会を家庭に例えれば、これはいわば学校、机を並べる同級生のようなものです。

活動の単位は、全国の都道府県ごとに設けられている「教区」、そしてその中の幾つかの市町村ごとに設けられている「支部」、さらには地区ごとに設けられている「組」です。これら教区・支部・組では、それぞれに、教会長や布教所長、熱心なようぼくたちが企画し、世話取りをして、求道のためのさまざまな講習会や研修会、あるいはひのきしん活動、にをいがけ活動などを展開しています。

地域活動は、縁あって同じ地域に住まいする道の仲間の励まし合い、たすけ合いの場です。まだ参加していない人は、思い切って、その輪に加わってみてはどうでしょうか。新たな勇み心がわいてくることでしょう。

《『天理時報』手配りひのきしんにご協力ください》

『天理時報』の手配りは、教友のひのきしんによって購読者宅に『天理時報』を届ける活動です。地域のようぼく同士をつなぐネットワークを築き、たすけ合いの輪を広げていくことを目指しています。

全教一斉ひのきしんデー・全教一斉にをいがけデー

ひのきしんとにをいがけ――いずれも、信仰者としてはいつでもどこでも、みずから実践できるようにしたいもの。一方で、国内外すべてのようぼくが、一斉に実動しようと申し合わせている日があります。「全教一斉ひのきしんデー」と「全教一斉にをいがけデー」。ともに始まったのは昭和七年（一九三二年）のことです。

こうした活動は、ようぼく一人ひとりが、日常生活の中で、ひのきしんやにをいがけを実践できるようになるためのきっかけとして、また、地域社会における日ごろの活動の集大成、さらには本教の目指すところをアピールする機会として、大勢の教友が参加して行われています。

現在、全教一斉ひのきしんデーは毎年春に日を定めて、全教一斉にをいがけデーは九月二十八日から三十日までの三日間、教区・支部単位や各教会で実施されています。それぞれの実施日時・場所等については、教区・支部または最寄りの教会でお尋ねください。なお、全教一斉ひのきしんデーについては毎年、事前に『天理時報』紙上に国内外の会場一覧が掲載されます。

おぢばを案内する

神殿・礼拝場

教祖殿・御用場

祖霊殿

おまもり

御供

をびや許し

- おやさとやかた
- 親里の学校群
- 天理図書館
- 天理参考館
- 天理よろづ相談所「憩の家」
- 天理教基礎講座

神殿・礼拝場《らいはいじょう》

神殿と礼拝場《らいはいじょう》は、人間創造の地点、元の「ぢば」を中心に建てられています。「かんろだい」（→34ページ）が据えられている中央の棟が神殿で、それを取り囲んで東西南北に礼拝場があります。これは、四方正面とのお言葉を形に表したものです。

ここで毎月、大祭や月次祭《つきなみさい》の祭典が行われ、ぢばを囲んで「かぐらづとめ」（→42ページ）が勤められます。

北礼拝場（大正二年〈一九一三年〉竣工）は、「大正ふしん」の際に建てられました。畳数は二七一畳です。

南礼拝場（昭和九年〈一九三四年〉竣工）は、「第一次昭和ふしん」の際に、神殿とともに建てられました。畳数は五四六畳です。この時に、かんろだいを中心とする現在の形が出来上がりました。かんろだいの真上の天井には「かんろだいは雨うたし」とのご教示により、一間《けん》四方の天窓があけられています。南礼拝

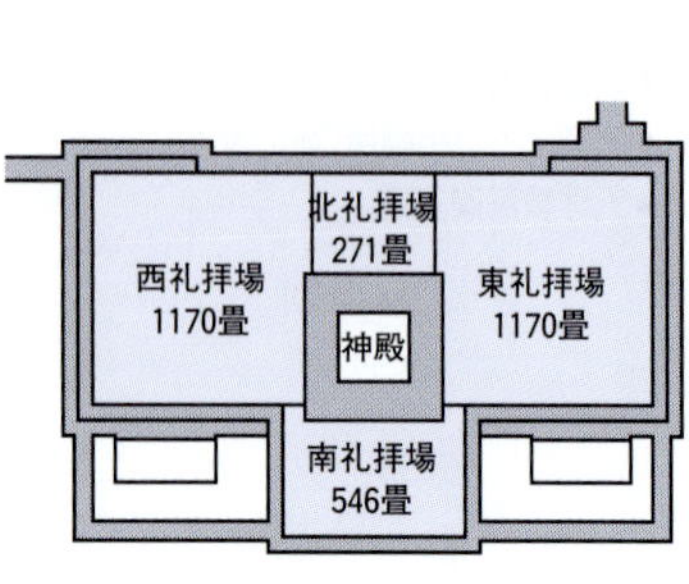

中央は南礼拝場、左右は東西礼拝場

場は二十四時間開放されていて、いつでも参拝することができます。
東西礼拝場は鉄骨鉄筋コンクリート造りの耐火構造で、鉄骨の柱や梁《はり》に耐火材を巻き、さらに厚く仕上げの檜《ひのき》材を貼《は》ってあります。内部は総檜造り仕上げです。どちらも畳数は一一七〇畳。西礼拝場は昭和五十六年、東礼拝場は同五十九年に竣工しました。この東西礼拝場ふしんは「第二次昭和ふしん」と称されます。
東西南北の礼拝場の畳数は合わせて三一五七畳。祭典時は大勢の参拝者であふれ返ります。

教祖殿《きょうそでん》・御用場

教祖《おやさま》は明治二十年（一八八七年）陰暦正月二十六日に、九十歳をもって現身《うつしみ》をかくされました。しかし、いまもこれからも永遠に元の屋敷に留《とど》まり、存命の理をもってお働きくだされています。そこで三度の食事、風呂、寝室にいたるまで、ご在世中と同様にお仕えさせていただいているところが教祖殿《きょうそでん》です。

現在の教祖殿（昭和八年〈一九三三年〉竣工）は、「第一次昭和ふしん」の際に建てられたもので、屋根は銅瓦葺《ぶ》き、畳数四四六・五畳の教祖殿、九六畳の合殿《あいでん》、そして四一四畳の御用場《ごようば》からなります。

教祖殿では、真柱様《しんばしら》（→58ページ）が存命の教祖の理を受けて「おさづけの理」（→44ページ）をお渡しくださいます。

御用場とは、教祖のご用をつとめる場所のことで、ここで「をびや許し」（→116ページ）、「おまもり」（→114ページ）をお下げいただきます。また朝夕のおつとめ後の「てをどりまなび」「お手直し」のほか、講習会などが行われることもあります。

左奥の建物が教祖殿、手前は御用場

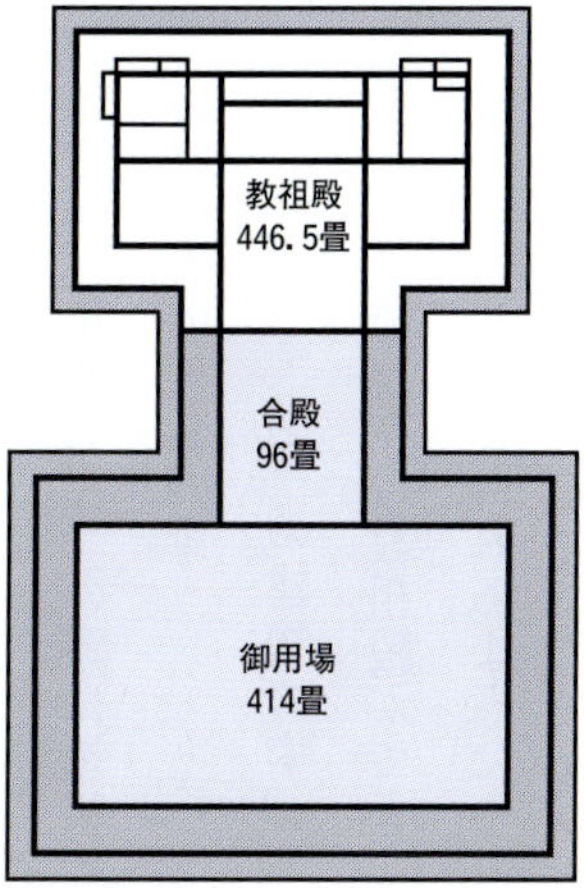

祖霊殿《それいでん》

祖霊殿は道に尽くした先人の遺徳を偲《しの》ぶところです。三舎があり、中央に中山家の祖霊《みたま》を、向かって右につとめ人衆の霊を、左に教会長およびようぼく・信者の霊を祀《まつ》っています。

現在の建物（大正三年〈一九一四年〉竣工）は、いわゆる「大正ふしん」の際に教祖殿《きょうそでん》として建てられたもの。七間半（一三・五メートル）に十一間（一九・八メートル）の建物です。「第一次昭和ふしん」で現在の教祖殿ができたのに伴い、祖霊殿として使われるようになりました。

祖霊殿

「南支所」「南右第二棟」を活用しよう！

本部神殿の境内地の西側にある「境内掛《けいだいがかり》南支所」(↓145ページに地図)では、境内・神殿案内などのガイドサービスや、車いすの貸し出し、手荷物の一時預かりや迷子の世話など、各種サービスを行っています。

また、神殿内や境内地で落とし物や忘れ物をしたときは、境内地の東側にある「境内掛本所」(↓145ページに地図)へお尋ねください。

◇　◇　◇

本部神殿から南へ徒歩約五分のところにある「おやさとやかた南右《なんう》第二棟」(↓119ページ)は、「初めておぢばがえり(↓66ページ)をした人が教えにふれ、学ぶ場」として提供されています。

ここでは、ビデオとお話で天理教の教えを分かりやすく紹介する「天理教基礎講座」(↓128ページ)が行われており、ほかにも、信仰の喜びを体感できる「映像」や「展示」などを見ることができます。

南右第二棟

おまもり

「おまもり」は、親里《おやさと》へ帰ってきて願い出る者に渡されるもので、ぢば（→34ページ）へ帰った証拠となるところから、「証拠守り」とも呼ばれます。ご存命の教祖《おやさま》がお召しになった赤衣《あかき》を小さく裁ったものをお下げいただきます。

肌身離さず身に着けていると、大難《だいなん》は小難《しょうなん》、小難は無難《ぶなん》にお連れ通りいただくことができます。と言っても、ただ身に着けてさえいればいいというものではありません。「心の守り、身の守り」と教えられるように、教祖の教えを心に治め、身に行って日々生活するところに、ご守護頂けるのです。

おまもりを頂くには、所属の教会を通じて、本部直属教会に申し出て、願書を準備します。その上で本人がおぢばへ帰り、願い出ます。ただし、願人が十五歳未満の場合は親またはそれに代わる者が同道するか、もしくは親が代わって頂くことができます。また、親子、夫婦、兄弟姉妹の間でも取り替えることはできません。

御供《ごく》

教祖殿《きょうそでん》で存命の教祖《おやさま》に供えられた洗米のお下がりを和紙に包んだもので、身上《みじょう》たすけのためのものです。

御供のこうのうについて「おさしづ」（↓56ページ）では、

「何も御供効くのやない。心の理が効くのや」（明治37年4月3日）

と教えられます。

御供そのものが効くのではなく、ぢば（↓34ページ）から頂戴《ちょうだい》した尊い御供であると素直に受けて、思召《おぼしめし》に沿う心を定めて頂くところに、ご守護が現れるということです。

御供は願い出によって、各本部直属教会に下付されます。

をびや許し

　をびや許しは、親神様《おやがみさま》が人間を創《はじ》めかけられた、すなわち、人間宿し込みの元のぢば（→34ページ）から出される安産の許しです。これを頂き、親神様にもたれてお産にのぞむならば、どんな人でも安産させていただくことができます。

　昔から「お産は女の大役（大厄）」といわれるように、子どもを産むことは女性にとって命懸けのことでした。そのため腹帯《はらおび》（産後に巻く）、毒忌《どくい》み（妊娠中の食物制限）など、お産にまつわる習俗がたくさんありました。

　それに対して教祖《おやさま》は、をびや許しを頂いた者は、疑いの心をなくして教え通りにするならば、「をびや一切常の通り、腹帯いらず、毒忌みいらず、凭《もた》れ物いらず、七十五日の身のけがれも無し」と教えられたのです。このをびや許しが道あけとなり、お道は四方へ伝わっていきました。

　をびや許しは、妊娠六カ月目に入れば、いつでも頂くことができます。所属の教会を通じて、本部直属教会に申し出て、願書を準備します。その上でおぢばへ帰り、本人が直接願い出ると頂けます。やむを得ず本人が帰れない場合は、夫か親が、代わって頂くことができます。

をびや許しで頂く御供《ごく》は、ぢば・かんろだいを囲んで勤められる「をびやづとめ」に供えられたもので、三包みの御供が一袋に入っています。

一包み目は「身持ちなりの御供」。妊娠中、胎児の居住まいが正常であるように、親神様にお願い申し上げて頂きます。

二包み目は「早めの御供」。産気づいていよいよ出産が迫った時、時間を仕切って親神様にお願い申し上げて頂きます。そうすると、手間取らず安産させていただき、後産も楽に出してくださるご守護を頂けます。

三包み目は「治め、清めの御供」。出産後、座を改めて頂きます。この時、無事お産を済まさせていただいたお礼と、妊娠による体調の乱れを治め、あとあと清めていただき、順調に回復するようお願いを申し上げます。

をびや許しを頂く

おやさとやかた

別席場として使われているおやさとやかた東棟

「おやさとやかた」は、ぢば・かんろだい（→34ページ）を取り囲む東西南北の八町《ちょう》（約八七二メートル）四方の線上に、教祖《おやさま》の「屋敷の中は、八町四方と成《な》るのやで」とのお言葉に基づいて、計六十八棟を立て巡らす構想のもと建築が進められています。

その理念は、親神様《おやがみさま》、教祖の待ち望まれる陽気ぐらし世界の実現に向け、まず親里《おやさと》に陽気ぐらしの雛型《ひながた》を実現しようというもの。昭和三十年（一九五五年）以来、これまでに二十六棟が竣工《しゅんこう》し、別席場をはじめ、教義及史料《きょうぎおよびしりょう》集成部《しゅうせいぶ》、天理教校、天理大学、修養科、憩《いこい》の家など、陽気ぐらし実現につながるさまざまな目的に使われています。

各棟の使途

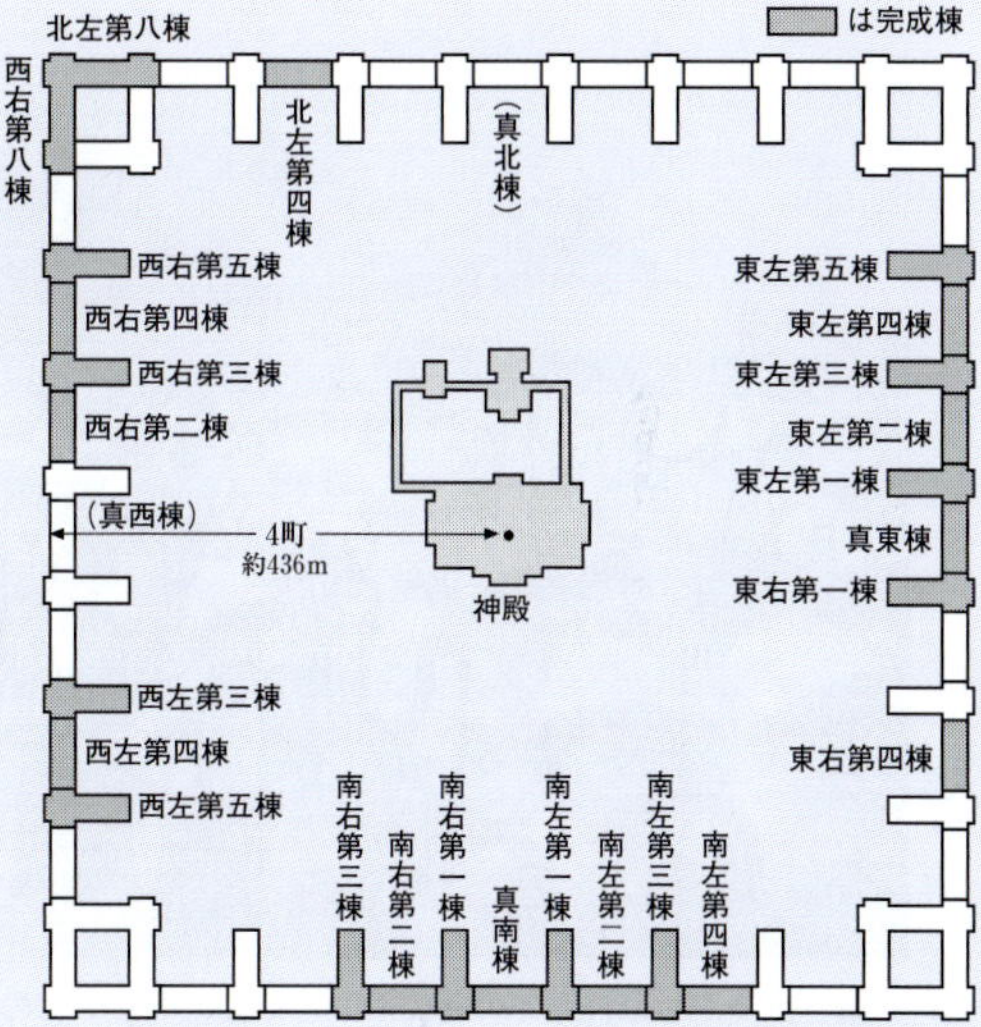

※平成27年9月現在

真東棟
教義及史料集成部、天理教音楽研究会、天理教校本科

東右第一棟
天理教校専修科

東右第四棟
教会長任命講習会、教会長資格検定講習会、教人資格講習会

東左第一棟、二棟
別席場

東左第三棟
別席場、修養科、三日講習会

東左第四棟
別席場、修養科

東左第五棟
修養科

西右第二、三、四棟
天理よろづ相談所「憩の家」

西右第五棟
信者修行所（南海大教会）

西右第八棟・乾隅棟
天理教校学園高校

西左第三棟
信者修行所（髙知大教会）

西左第四棟
信者修行所
（郡山大教会、中河大教会）

西左第五棟
信者修行所（敷島大教会）

真南棟
学校本部、一れつ会、少年会本部、学生担当委員会、学生会

南右第一棟
天理参考館

南右第二棟
天理教基礎講座、研修室、展示コーナー、映像ホール、陽気ホール

南右第三棟
信者修行所（髙安大教会）

南左第一棟
天理教教庁

南左第二棟
天理小学校

南左第三、四棟
天理大学

北左第四棟
信者修行所
（嶽東大教会、鹿島大教会）

北左第八棟・乾隅棟
天理教校学園高校

親里の学校群

児童・生徒たちは神殿での朝のおつとめ後、それぞれの学び舎へ向かう

親里《おやさと》には、信条教育を根幹としたさまざまな教育機関があります。最も歴史の古いのが天理教校。布教師の養成を目的とし、設立は明治三十三年（一九〇〇年）にまでさかのぼります。

その後、幼稚園、小学校、中学校、高校、大学、医療従事者養成の学校などが設けられ、陽気ぐらし世界建設を担う人材の育成を目指して、幅広い教育活動が行われています。

天理教校

本科研究課程

本科実践課程

専修科

学校法人「天理大学」

天理大学

天理大学おやさと研究所

天理参考館

天理図書館

天理高等学校第一部

天理高等学校第二部

天理中学校

天理小学校

天理幼稚園

学校法人「天理教校学園」

天理教校学園高等学校

天理教語学院

天理医療大学

天理図書館

天理図書館は、蔵書数約百四十六万冊、とくに宗教学、国語国文学、東洋学、歴史地理学、オリエント学、言語学などの分野が充実しています。なかでも「海外布教師の養成」という天理外国語学校（天理大学の前身）設立の趣旨にのっとり意欲的に収集された伝道学や語学関係の書物、「おふでさき」（→56ページ）研究の一環として集められた日本近世文学書などの蔵書は、この図書館ならではの大きな特色の一つです。また、『日本書紀・神代巻』や『播磨国《はりまのくに》風土記《ふどき》』などの国宝六点、重要文化財八十五点、重要美術品六十六点をはじめ、国内外の貴重書も所蔵しています（平成二十七年九月現在）。

開館の発端は大正八年（一九一九年）、おぢばに図書館を建設しようとの教内の機運の高まりを受けて、青年会が道友社内に設けた図書室にあります。同十三年、青年会長に就任された中山《なかやま》正善《しょうぜん》二代真柱《しんばしら》様（→58ページ）は、あらためて図書の収集・整理を図られました。同十五年、これに加え、新築された天理外国語学校に中山家の蔵書をはじめ、天理教校、天理中学校、天理女学校などの図書を集結、「天理外国語学校附属天理図書館」として、蔵書数二万六千冊をもって閲

天理図書館正面

覧を開始しました。
その後、教団を挙げての独立図書館の建設が始まり、昭和五年（一九三〇年）に現在の建物が完成。盛大に開館式を行い、これが天理図書館の創立となりました。
当初から本教の文化活動の拠点として、さまざまな活動を行ってきました。蔵書の質と量が高まるとともに各分野の注目を集めるようになり、日本の代表的な図書館として、広く知られています。

天理参考館

天理参考館は、世界各地の生活文化資料・考古美術資料を収集・展示しています。資料の内容はアジアをはじめ、オセアニア、アメリカ、オリエント、アフリカ、ヨーロッパなど広範囲にわたり、その数およそ三十万点に及びます。

昭和五年（一九三〇年）、「天理外国語学校」（天理大学の前身）の中に設けられた「海外事情参考品室」を活動の始まりとしています。

天理外国語学校は大正十四年（一九二五年）、天理教の海外布教師の養成を目的に開校。創設者である中山《なかやま》正善《しょうぜん》二代真柱《しんばしら》様（↓58ページ）は、教えを伝えるには、まずその国の人々の心を知らねばならない、そのためには土地の人たちが使っている物を通して、生活習慣を知ることも一つの方法ではないか――こう考えられ、かねてから資料の収集に努められていました。

この時の資料収集の基本方針は「新品でなく、人々がいま使っているものを集める」というもの。人々が長年使い込んだ物だからこそ、その暮らしぶりや心が伝わってくるというわけです。

こうした資料収集の成果として、昭和五年に開催された「支《し》那《な》風俗《ふうぞく》展覧会《てんらんかい》」

天理参考館の展示室

の展示品をそのまま譲り受けて、外国語学校内に「海外事情参考品室」が設けられたのでした。

　その後も資料収集は熱心に行われ、所蔵品の増加とともに、広く一般に公開されるようになりました。しかし、収集の基本方針は変わることなく、ともすると名品主義の多い一般の博物館とは一線を画し、人の温《ぬく》もりを感じさせる素朴な資料を中心に展示を行っています。

　平成十三年十一月、おやさとやかた南右第一棟（→119ページ）に移転し、装いも新たに再オープンしました。

天理よろづ相談所「憩《いこい》の家」

天理よろづ相談所「憩の家」本館（南病棟）

「おやさとやかた」（→118ページ）の一角に設けられたこの施設の正式名称は、「公益財団法人天理よろづ相談所」「天理よろづ相談所病院」ですが、通常、「憩《いこい》の家」の名で親しまれています。この名前には、健康を損なった人々が、親里《おやさと》ぢばで、身体《からだ》の患いだけでなく、心の疲れも癒やして再び元気になって社会へ復帰していくための、文字通り〝憩の家〟でありたい、との願いが込められています。

そのため「憩の家」は、「身上《みじょう》部」（いわゆる一般の病院に当たる）、「事情部」（病気や悩み事に対して、教えに基づいた助言を行う）、「世話部」（患者の生活上の諸問題の相談や、医療従事者の育成などを行う）の三つの部門を設け、医学

・信仰・生活の三面から、病む人の救済に当たっています。

「**身上部**」…平成二十七年九月現在、ベッド数は一千一床《しょう》。一日の外来患者は平均二千人以上。また、若い医師の養成を目的とした「レジデント（臨床研修医）制度」導入のさきがけとしても、広く知られています。平成十五年に白川分院、同十八年に外来診療棟、二十六年に新入院棟がオープンしました。

「**事情部**」…身上部・世話部と連携しながら、外来・入院患者の病気や家庭事情などによる悩み事の相談に応じ、信仰的助言を行っています。相談に当たる講師は、天理教の現職教会長ら経験豊かな人、約百人に委嘱《いしょく》。入院患者の希望者には「おさづけ」（→44ページ）の取り次ぎも行うほか、外来相談や電話相談、あるいは手紙による相談にも応じています。

「**世話部**」…「医療ようぼく」の育成、結婚相談、患者の生活上の諸問題の相談などを行っています。また「在宅世話どりセンター」では家庭療養の必要な周辺地域在住の人々のお世話を、「ひのきしんセンター」では外来受診者の車イス介助や事務の手続きの援助などを行っています。

天理教基礎講座

天理教基礎講座は、ビデオと講師のお話による天理教紹介コースで、初めて天理教にふれる人にも親しみやすい内容になっています。これから別席（→130ページ）を運ぶ人は、この講座を受講することで、より一層別席のお話の理解が深まります。

詳しくは下記のホームページをご覧ください。お問い合わせは教化育成部基礎育成課（0743㊼1959）まで。

〈受講案内〉

場　所　おやさとやかた南右第二棟（→119ページ）

所要時間　約90分

開始時間　平日および26日　13時30分～

　　　　　土・日・祝・27日　9時30分～／13時30分～

※本部祭典や行事などで時間が異なることがあります。

受付時間　講座開始の30分前から

受付場所　南右第二棟1階　ロビー西側

年　齢　15歳以上

受講お供え　一人500円

ホームページ http://kyokaikusei.tenrikyo.or.jp/kiso/

別席へいざなう

別席

「別席の誓い」の様子

別席は、「おさづけの理」(→44ページ)を戴《いただ》くために、おぢばで聴かせていただく親神様《おやがみさま》のお話です。このお話を聴くことを「別席を運ぶ」といいます。満十七歳以上ならだれでも運ぶことができます。

その順序としてはまず、「別席の誓い」(→132ページに「お誓いの言葉」)をします。これは、しっかりとした心構えで別席に臨むことが肝心だからです。別席では聞き落としや取り違いのないように、同じ理のお話を九回聴きます。

一席、二席と運ぶ中でこれまでの通り方を振り返り、お話の理によってだんだんと心を洗い立て、入れ替えるとともに、心に治まったところを身に行うことが大切です。

そして、九席目で満席となり、何よりも尊い天の与えであるおさづけの理を戴きます。別席中に培った、人をたすけたいとの誠真実の心に、生涯の宝としておさづけの理が授けられるのです。

別席を運ぶには、まず所属の教会を通じて、本部直属教会に申し出て、願書を準備します。その上で、おやさとやかた東左第一棟の初席受付へ願書を提出します（↓134ページに受付時間、↓137ページに地図）。

また、お誘いした別席者と一緒に、お話を聴くこともできます。各信者詰所に「傍聴願い」の願書がありますので、別席受付へ提出してください。

お誓いの言葉

私達《わたくしたち》の親神様《おやがみさま》は、天理王命様《てんりおうのみことさま》と申《もう》し上《あ》げます。もんかたないところから、人間《にんげん》、世界《せかい》をおつくり下《くだ》された元《もと》の神様《かみさま》、実《じつ》の神様《かみさま》であります。親神様《おやがみさま》は、教祖《おやさま》を「やしろ」として、その思召《おぼしめし》を人間世界《にんげんせかい》にお伝《つた》え下《くだ》さいました。私達《わたくしたち》は教祖《おやさま》によって、はじめて親神様《おやがみさま》の思召《おぼしめし》をきかせて頂《いただ》きました。

教祖《おやさま》は中山《なかやま》みき様《さま》と申《もう》し上《あ》げます。

親神様《おやがみさま》は、陽気ぐらしを見《み》て共《とも》に楽《たの》しみたいと思召《おぼしめ》されて、人間《にんげん》をおつくり下《くだ》さいました。陽気ぐらしこそ、人間生活《にんげんせいかつ》の目標《めどう》であります。

私《わたくし》は……の事《こと》から、お手引《てびき》を頂《いただ》いて親神様《おやがみさま》を知《し》り、その思召《おぼしめし》をきかせて頂《いただ》きましたが、尚一層《なおいっそう》しっかり心《こころ》に治《おさ》めさせて頂《いただ》き度《た》いと存《ぞん》じまして、この度《たび》おぢばに帰《かえ》らせて頂《いただ》きました。

このおぢばは、親神様《おやがみさま》のおしずまり下《くだ》さる所《ところ》で、よろづたすけのつとめ場所《ばしょ》であるとおきかせ頂《いただ》いております。

おぢばでお仕込《しこ》み頂《いただ》く親神様《おやがみさま》の御教《みおしえ》をしっかり心《こころ》に治《おさ》め、教祖《おやさま》をお慕《した》い申《もう》し、そのひながたをたどり、親神様《おやがみさま》に御満足《ごまんぞく》して頂《いただ》き、ひと様《さま》に喜《よろこ》んで貰《もら》うようつとめさせて頂《いただ》き度《と》う御座《ござ》います。

別席受付時間

	午前席	午後席
通常	8時～9時30分	正午～1時30分
春季大祭（1月26日）	8時～9時30分	なし
教祖誕生祭（4月18日）	なし	2時30分～3時30分
秋季大祭（10月26日）	なし	0時30分～1時30分
月次祭（大祭以外の26日）	なし	1時30分～2時30分

◎別席のない日……12月28日～1月1日

席札の保管は？　もし席札をなくしたら？

席札は別席を運ぶたびに必要ですから、なくさないよう、満席になるまで各自で大切に保管してください。ただし、教会や詰所でまとめて保管している所もあるようですから、所属の教会にお尋ねください。

万一なくした場合を考えて、別席を運ぶたびに、席札をコピーしたり、席ごとの年月日、午前席か午後席か、取次《とりつぎ》の先生の名前などを控えておくのもよいでしょう。

もし、席札をなくしたら、コピーなど証明するものがない限り、もう一度、初席から運び直さなければなりません。くれぐれも、ご注意ください。

別席運び方席数表

原則として１カ月に１席と定められていますが、地域によって運ぶことのできる席数が以下のように定められています。

	地域	
一席	大阪府全域。奈良県　京都府　三重県　兵庫県　滋賀県 和歌山県のうち、下記の地域を除く全域。	
二席	奈良県	上北山村　下北山村　十津川村
	京都府	舞鶴市　宮津市　福知山市　綾部市　京丹後市　南丹市 与謝郡　船井郡
	三重県	尾鷲市　熊野市　志摩市　度会郡　北牟婁郡　南牟婁郡
	兵庫県	洲本市　豊岡市　たつの市　赤穂市　西脇市　相生市 加西市　篠山市　養父市　丹波市　南あわじ市　朝来市 宍粟市　淡路市　神崎郡　揖保郡　赤穂郡　佐用郡 美方郡　多可郡　家島諸島（姫路市家島町）
	滋賀県	長浜市　高島市　米原市
	和歌山県	新宮市　田辺市　御坊市　日高郡　西牟婁郡　東牟婁郡
	岐阜県　愛知県　福井県　岡山県　香川県　徳島県	
三席	東京都（伊豆諸島・小笠原諸島を除く）埼玉県　神奈川県　山梨県　富山県 長野県　静岡県　石川県　鳥取県　島根県（隠岐群島〈隠岐郡〉を除く） 広島県　山口県　高知県　愛媛県	
五席	北海道　青森県　岩手県　秋田県　山形県　宮城県　福島県 群馬県　栃木県　茨城県　千葉県　新潟県　福岡県　佐賀県 熊本県　大分県　宮崎県　長崎県　鹿児島県　沖縄県 東京都のうち伊豆諸島（大島―大島町　利島村　新島村　神津島村 三宅島―三宅村　御蔵島村　八丈島―八丈町　青ヶ島村） 小笠原諸島（小笠原村）　島根県のうち隠岐群島（隠岐郡）	

◎**海外**……初席から九席まで。ただし中休みが１日必要

託児施設・通訳もあります

別席場の北東にある天理託児所（→次ページに地図）では、別席者や修養科生の子どもをお預かりしています。希望者は別席を運ぶ前に、直接、託児所へおいでください。

日本語以外の言語で別席を運ばれる人が、録音テープ、もしくは同時通訳で拝聴可能な言語は下記の通りです。また、初席のお誓いには通訳が同行します。通訳に関する依頼、お問い合わせは海外部翻訳課（0743㊸1511内線5364〜5）まで。なお、別席の栞《しおり》、ならびに席札、願書は、各国語に翻訳されたものが用意されています。所属の信者詰所にお問い合わせください。

手話通訳もあります。お問い合わせは、社会福祉課（0743㊸1511内線5321）まで。

英語　韓国語　北京語　閩南語　広東語　ドイツ語　フランス語　スペイン語

ポルトガル語　イタリア語　ロシア語　インドネシア語　タイ語　フィリピン語

ネパール語　ネワール語　ベンガル語　ラオス語　ヒンディー語　ほか

※　　　はテープのみ。　　　は直接お取り次ぎが行われる場合もありますので、別席掛（0743㊸1511 内線3421）にお問い合わせください。

別席場周辺マップ

おやさとやかた東左第１棟から４棟（一部）までが別席場として使われています。受付は東左第１棟の１階です。

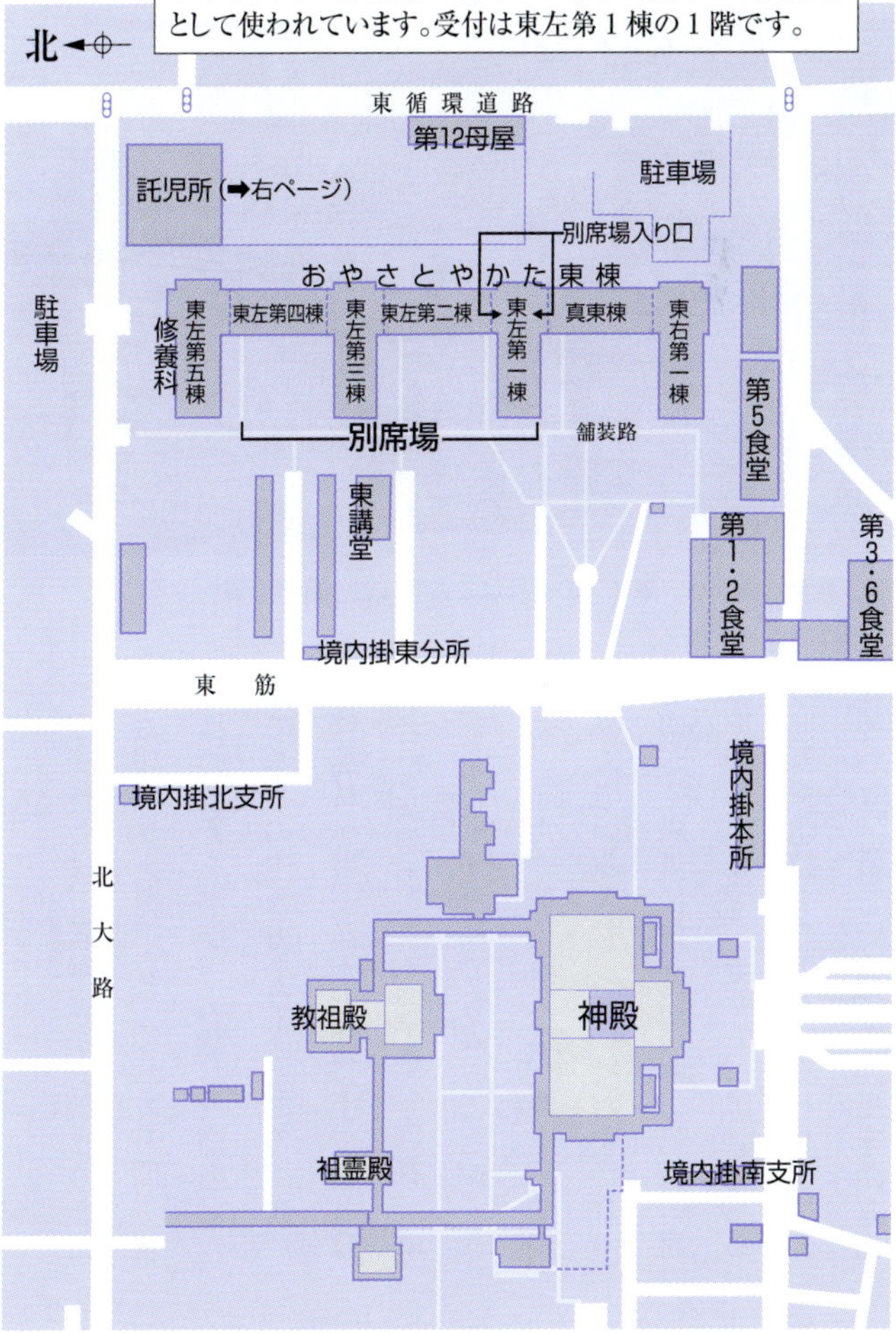

修養科へのすすめ

朝、教室へ向かう。車イスの介助はここではごく自然な姿

修養科とは、親神様《おやがみさま》がお鎮《しず》まりくださる親里《おやさと》（→34ページ）で三カ月間、親神様の教えを学び、実践しながら、人間の本当の生き方を学ぶところです。

修養科へは、満十七歳以上であれば、老若男女《ろうにゃくなんにょ》の別なく、学歴、経歴、職業を問わず、だれでも入ることができます。また、健康な人も、身上《みじょう》、事情に悩んでいる人も、互いにたすけ合って明るく陽気に修養に励み、信仰の喜びを味わいます。そして、陽気ぐらしの世界を建設するようぼくとして生まれ替わり、新しい人生の門出を踏み出します。

修養科の授業科目は、「天理教教典講話」「天理教教祖伝講話」「みかぐらうた講話」「ようぼく心得講話」「教話《きょうわ》練習」「感話」「おてふり練習」「鳴物《なりもの》練習」などです。修養科生は、授業を通して基本教理を心に治め、また、「神殿掃除」をはじめ、さまざまなひのきしん（→54、98ページ）の実践によって、自《おの》ずと信仰の喜びを体得することになります。

なお、おさづけの理（→44ページ）を戴《いただ》いていない修養科生は、この三カ月の間に別席（→130ページ）を運び、おさづけの理を拝戴《はいたい》することができます。

さらに修養科では、海外からの志願者で日本語のできない人たちのために、毎年春に英語クラスと中国語クラスを、また隔年でタイ語クラスを開設しています。

修養科志願の手続きは、直属教会、あるいはその信者詰所で世話どりをしています。

教人《きょうと》資格講習会へのすすめ

教人《きょうと》資格講習会は、教会活動の中核となるべき人材を育成することを主眼とし、日常の暮らしの中で、教えを心に治め、実践するとともに、周囲にも教えを伝えることのできる、ようぼくとしての自覚と使命感に燃えた、たすけ一条の教人の養成を目指しています。

期間は、前期が毎月二十七日より五日間、中期が前期に引き続き五日間、後期が中期に引き続き五日間の十五日間で、前期・中期・後期をそれぞれ分けて受講することもできます。ただし、一月（十二月二十七日から始まる回）は開催しません。

内容は、「教典講義」「みかぐらうた講義」「教祖伝講義」「おてふり」「鳴物《なりもの》」「祭儀式」「布教講話」「本部員講話」などです。

この講習会を修了すると、教人登録の資格が得られます。お問い合わせは、教化育成部講習課（０７４３(63)２１６２）まで。

三日講習会のすすめ

　三日講習会は、求道意欲があって、仕事の都合で長期間休みを取れない人や、家事や介護、子育てなどに忙しく家庭を離れられない二十五歳から六十五歳までの人たちが、おぢばで基本教理とおつとめを学ぶための三日間の講習会です。

　教えをより身近に学んでもらうことを目的とし、自らの人生や信仰のありようを見つめなおし、積極的に道を求めるきっかけを持ってもらえるようプログラムが組まれており、Ⅰ、Ⅱ、Ⅲと順を追って進みます。

　Ⅰでは「気づき」をテーマに、身近にあふれる親神様《おやがみさま》・教祖《おやさま》のお働きや親心に気づくことに重点が置かれています。Ⅱでは「深め」をテーマに、教えの理解を深め、さらに信仰の喜びを深めます。Ⅲでは「広め」をテーマに、教えや信仰の喜びを、周囲の人々に広めることを目指しています。

　要項や日程、申し込み方法などは、下記のホームページをご覧ください。お問い合わせは、教化育成部三日講習課（０７４３（63）２１７５）まで。

ホームページ　http://kyokaikusei.tenrikyo.or.jp/mikka/

『天理時報』講読のすすめ

本教の機関誌・紙『みちのとも』『天理時報』を発行している天理教道友社は、『みちのとも』創刊に伴い、教庁の広報出版部門として明治二十四年（一八九一年）に設置されました。現在では、単行本、テレビ、ラジオなどさまざまな媒体を通して活動を推進していますが、『天理時報』の発行は、道友社の諸活動の中でも、中心的な役割を占めています。

『天理時報』は昭和五年（一九三〇年）十月十八日に創刊され、以来、一貫して、おぢばの旬《しゅん》の理を流す編集方針のもと、真柱様《しんばしら》（→58ページ）のお言葉をはじめ、教会本部の各種行事や活動、また地方における教会や教区・支部の教友たちの活動、婦人会、青年会、少年会の活動などを広報し記録するとともに、「ようぼくの機関紙」として、ようぼくの成人の糧《かて》や、身の回りから陽気ぐらしの輪を広げていく勇みの材料を提供する役割も担っています。

ようぼくは、一人残らず『天理時報』を購読したいものです。

付録

親里マップ❶【神殿周辺】

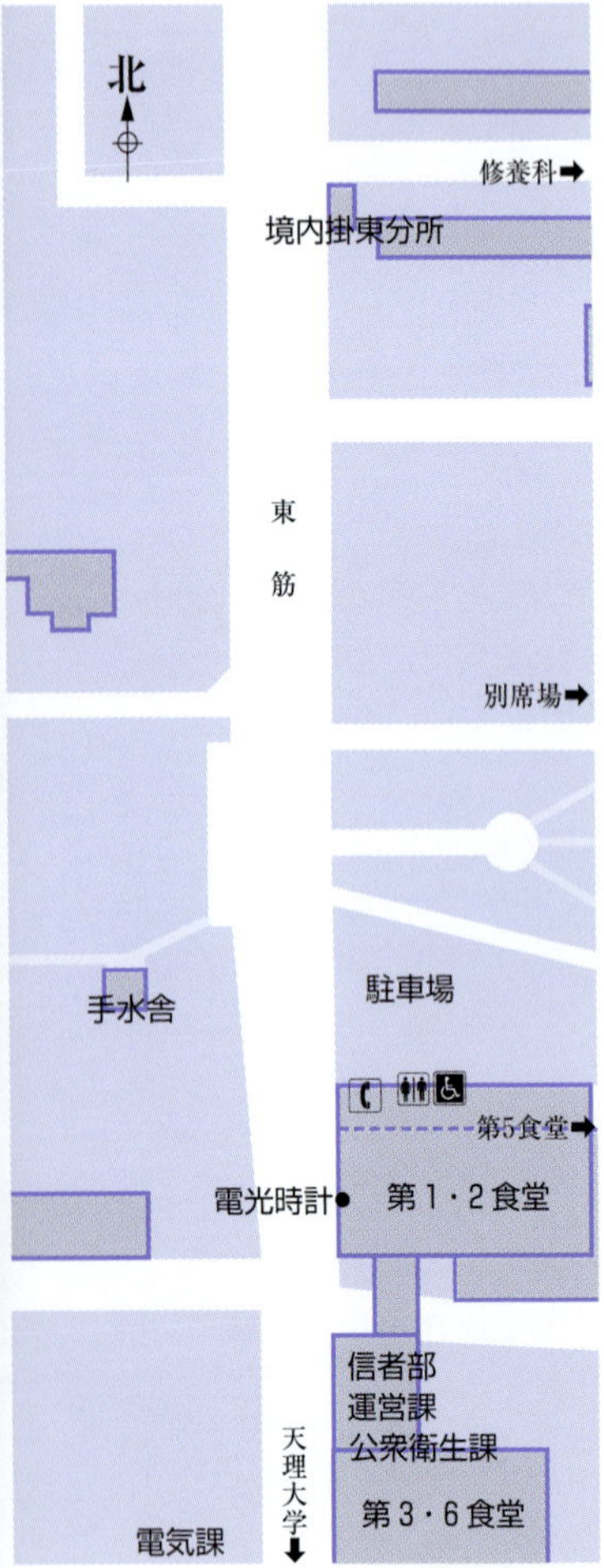

＊教祖殿お守《も》り所……おまもり、をびや許し受付。

＊記念建物……内蔵、中南の門屋、つとめ場所、御休息所が保存されている。(朝づとめ後から夕づとめ前まで見学可)

＊参拝時に車イス、つえが必要な場合は、境内地各所で立哨《りっしょう》している境内掛員にお尋ねください。

公衆電話
トイレ
車イス用トイレ

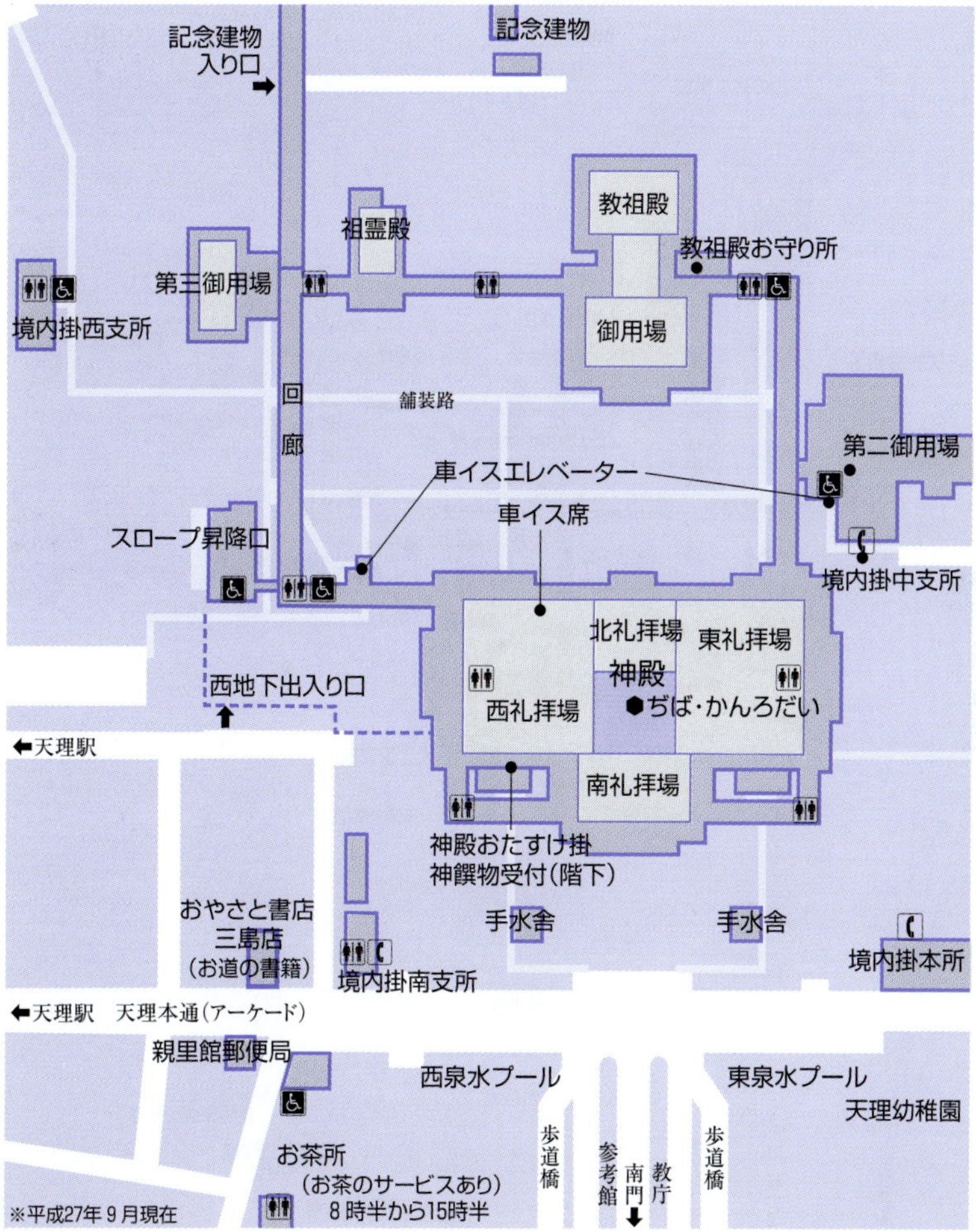
記念建物入り口
記念建物
教祖殿
祖霊殿
教祖殿お守り所
第三御用場
境内掛西支所
御用場
回廊
舗装路
第二御用場
車イスエレベーター
車イス席
スロープ昇降口
境内掛中支所
北礼拝場
東礼拝場
神殿
西礼拝場
●ぢば・かんろだい
西地下出入り口
天理駅
南礼拝場
神殿おたすけ掛
神饌物受付(階下)
おやさと書店
三島店
(お道の書籍)
手水舎
手水舎
境内掛南支所
境内掛本所
天理駅　天理本通(アーケード)
親里館郵便局
西泉水プール
東泉水プール
天理幼稚園
お茶所
(お茶のサービスあり)
8時半から15時半
歩道橋
参考館
南門
教庁
歩道橋
※平成27年9月現在

奈良
名阪国道
白川駐車場
天理東インターチェンジ
名古屋
天理インターチェンジ
天理養徳院
豊田山舎
お墓地
北
国道169号線
山の辺小学校
天理医療大学
憩の家新入院棟
憩の家外来診療棟
北大路乗降場
青年会
100母屋
天理教校学園高校
北5P
北3P
北1P
38母屋
北2P
育成広場
北大路
天理警察署
天理よろづ相談所「憩の家」（病院）
北4P
記念建物
15母屋
修養科
託児所
婦人会
祖霊殿
教祖殿
東講堂
別席場
12母屋
天理教教会本部
東筋
社会福祉課
西2P
中大路
神殿
天理郵便局
おやさと書店三島店
南境内掛支所
境内掛本所
天理教校
東1P
天理本通り
天理ダム・福住
天理プール
渉外広報課
お茶所
南門
天理幼稚園
信者部
南3P
講習課
布留川
天理市民会館
ギャラリーおやさと
BOOKS道友
歩道橋
歩道橋
真南通り
南1P
南4P
親里大路
南右第二棟
天理参考館
＊教庁
＊真南棟
天理小学校
天理大学
南5P
石上神宮
海外部
東循環道路
天理市庁
南22P
大学体育館
南23P
南大路
天理高校
大学研究棟
天理教語学院
天理図書館
天理中学校
南循環道路（国道25号線）
親里ラグビー場
親里野球場
三昧田・桜井
桜井
親里ホッケー場

付録

親里マップ❷

親里マップ❷

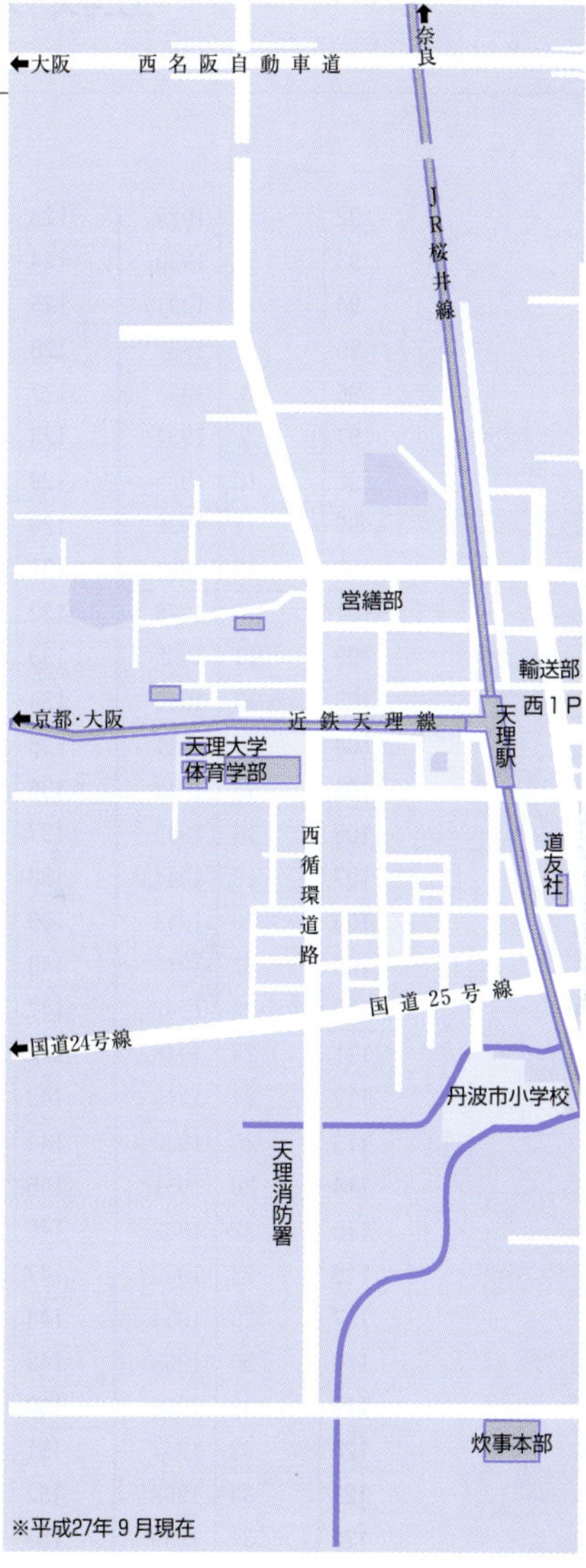

＊教庁（おやさとやかた南左第1棟）

【3階】
室務課／調査情報課／電算課

【2階】
主査室／総務課／世話課

【1階】
教務課／宗教法人課
管財一課／管財二課

【地下1階】
布教一課／布教二課／庶務課

【地下2階】
用度課

＊真南棟

【4階】 少年会

【3階】
一れつ会／学生担当委員会／学生会

【2階】 学校本部

＊「南1P」「北1P」などの表示は、駐車場を表します。

立教・元号・西暦　対照表

92	4	1929
93	5	1930
94	6	1931
95	7	1932
96	8	1933
97	9	1934
98	10	1935
99	11	1936
100	12	1937
101	13	1938
102	14	1939
103	15	1940
104	16	1941
105	17	1942
106	18	1943
107	19	1944
108	20	1945
109	21	1946
110	22	1947
111	23	1948
112	24	1949
113	25	1950
114	26	1951
115	27	1952
116	28	1953
117	29	1954
118	30	1955
119	31	1956
120	32	1957
121	33	1958
122	34	1959
123	35	1960
124	36	1961
125	37	1962
126	38	1963
127	39	1964
128	40	1965
129	41	1966
130	42	1967
131	43	1968
132	44	1969
133	45	1970
134	46	1971
135	47	1972
136	48	1973
137	49	1974
138	50	1975
139	51	1976
140	52	1977
141	53	1978
142	54	1979
143	55	1980
144	56	1981
145	57	1982
146	58	1983
147	59	1984
148	60	1985
149	61	1986
150	62	1987
151	63	1988
152	平成 1	1989
153	2	1990
154	3	1991
155	4	1992
156	5	1993
157	6	1994
158	7	1995
159	8	1996
160	9	1997
161	10	1998
162	11	1999
163	12	2000
164	13	2001
165	14	2002
166	15	2003
167	16	2004
168	17	2005
169	18	2006
170	19	2007
171	20	2008
172	21	2009
173	22	2010
174	23	2011
175	24	2012
176	25	2013
177	26	2014
178	27	2015
179	28	2016
180	29	2017
181	30	2018
182	31	2019
183	32	2020
184	33	2021

立教	元号	西暦
1	天保 9	1838
2	10	1839
3	11	1840
4	12	1841
5	13	1842
6	14	1843
7	弘化 1	1844
8	2	1845
9	3	1846
10	4	1847
11	嘉永 1	1848
12	2	1849
13	3	1850
14	4	1851
15	5	1852
16	6	1853
17	安政 1	1854
18	2	1855
19	3	1856
20	4	1857
21	5	1858
22	6	1859
23	万延 1	1860
24	文久 1	1861
25	2	1862
26	3	1863
27	元治 1	1864
28	慶応 1	1865
29	2	1866
30	3	1867
31	明治 1	1868
32	2	1869
33	3	1870
34	4	1871
35	5	1872
36	6	1873
37	7	1874
38	8	1875
39	9	1876
40	10	1877
41	11	1878
42	12	1879
43	13	1880
44	14	1881
45	15	1882
46	16	1883
47	17	1884
48	18	1885
49	19	1886
50	20	1887
51	21	1888
52	22	1889
53	23	1890
54	24	1891
55	25	1892
56	26	1893
57	27	1894
58	28	1895
59	29	1896
60	30	1897
61	31	1898
62	32	1899
63	33	1900
64	34	1901
65	35	1902
66	36	1903
67	37	1904
68	38	1905
69	39	1906
70	40	1907
71	41	1908
72	42	1909
73	43	1910
74	44	1911
75	大正 1	1912
76	2	1913
77	3	1914
78	4	1915
79	5	1916
80	6	1917
81	7	1918
82	8	1919
83	9	1920
84	10	1921
85	11	1922
86	12	1923
87	13	1924
88	14	1925
89	昭和 1	1926
90	2	1927
91	3	1928

信者詰所電話番号

紀陽	63 - 3136	2135
吉備	62 - 3038	
岸部	63 - 1340	

く

熊本	63 - 2622	2072
国名	63 - 5070	2149
栗太	62 - 1057	2505

け

京城	63 - 0401	2121
藝備	63 - 8717	
鶏林		9238

こ

郡山	62 - 0029	2001
髙知	63 - 0456	2013
湖東	63 - 5196	2015
甲賀	62 - 3211	2016
越乃國	62 - 0309	2023
麹町	62 - 0450	2025
麹町第二	63 - 2225	2193
小牧	63 - 4746	2102
此花	63 - 2635	2110
甲府	63 - 5385	2116
小南部	62 - 1841	2132
五條	62 - 4494	2141

更立	62 - 1163	
上野前橋	63 - 4020	
江州		9512

さ

櫻井	62 - 0402	
堺	62 - 0168	
佐野原	62 - 0319	2055
西海	63 - 3951	2093
山陽	63 - 4722	2147
三昧田	66 - 0043	
佐賀関	63 - 4865	
薩隅	099-229-6962	
山西省	63 - 6132	

し

敷島	63 - 2535	2008
飾東	62 - 0164	2027
島ケ原	63 - 2500	2030
城法	62 - 0272	2033
周東	63 - 4023	2064
繁藤	62 - 0315	
静岡	62 - 1249	2129
白羽	62 - 3026	2130
眞昭	63 - 1638	
尚久	0725-90-7278	
治理	62 - 1193	

治文	62 - 3741	9529
下野	62 - 5652	

す

洲本	63 - 3121	2083
崇文	63 - 1071	
駿遠豆	63 - 5780	

せ

船場	62 - 1639	2004
仙臺	62 - 0533	2111
鮮京	62 - 4322	2587

そ

天御津	0742-22-2571	

た

髙安	63 - 0421	2010
髙岡	63 - 2571	2056
立野堀	62 - 0565	2076
高松	62 - 3134	2140
玉島	63 - 0945	2150
田原	63 - 4390	2512
玉江	63 - 0766	
髙宮	62 - 0365	
臺北臺婦	63 - 2090	

教会	外線	内線
あ		
東	62 - 0235	2007
芦津	62 - 0033	2012
浅草	63 - 0432	2039
旭日	63 - 1324	
朝倉	63 - 6500	2054
愛知	63 - 0655	2057
愛豫	62 - 1457	
阿羽	62 - 1094	2090
愛静	62 - 4316	
網干	62 - 3963	2143
網走	63 - 6321	
秋津	62 - 0059	
青野原	62 - 0102	
網島	62 - 1116	
安東	62 - 1198	
青森縣	63 - 1351	
あきよ志	62 - 4422	
い		
生野	63 - 3010	2034
池田	63 - 2681	2050
伊野	63 - 3111	
磐城平	62 - 4676	
泉	63 - 5511	2126
伊那	63 - 6011	2131
生駒	62 - 3129	
伊勢	62 - 3627	
岩手里	63 - 1620	
伊賀生琉里	63 - 0981	
う		
牛込	62 - 0025	2037
梅谷	62 - 0446	
宇佐	63 - 1301	
雨龍	62 - 1843	2133
宇仁	63 - 5391	
上町	62 - 1215	
え		
江戸	62 - 3740	
越州	63 - 3458	9528
お		
大縣	63 - 5353	2041
大江	62 - 0132	2048
岡	63 - 6371	2081
大森町	62 - 0155	2086
大鳥	62 - 0451	
岡山	62 - 0404	2125
大垣	63 - 4520	
越知	65 - 3581	2153
大原	63 - 0558	2159
尾道	62 - 0472	2502
大分市	63 - 0624	
大阪	63 - 3850	9402
尾張	63 - 3818	
か		
河原町	62 - 4333	2005
嶽東	63 - 0403	2029
神川	63 - 6151	2043
笠岡	63 - 4747	2044
蒲生	63 - 6501	2052
川之江	62 - 0183	2063
香川	62 - 0231	2066
上之郷	62 - 0127	2100
鹿島	63 - 0405	2109
神崎	63 - 3170	2115
加古	63 - 7051	
亀岡	63 - 0268	
鍛冶惣	62 - 7790	9404
神奈川台	62 - 1740	
カナダブラジル	63-5201	5471
き		
北	62 - 0124	2014
岐美	63 - 2200	2071
城山	63 - 4511	2128

斐山	20 - 2471	

ふ

深川	62 - 0162	2038
府内	63 - 5858	2103
古市	63 - 2291	2114
双名島	62 - 4038	2145
生琉里	62 - 4812	

へ

兵神	62 - 0234	2002
平安	63 - 3663	2059

ほ

本島	63 - 1571	2036
北陸	62 - 0484	
防府	62 - 0841	2087
本保	63 - 1380	2117
本愛	62 - 0378	2118
本芝	62 - 3201	2119
北洋	63 - 0376	2123
本荏	63 - 3706	2148
本理世	62 - 1500	2154
細川	62 - 3840	
本明實	63 - 0470	2528

ま

益津	63 - 6074	2101
松阪	62 - 3653	2152
満洲	63 - 4669	
満洲眞勇	63 - 5554	

み

水口	62 - 0138	
名東	62 - 0849	
御津	62 - 0276	2032
都	62 - 0454	2105
南	63 - 3155	2107
南安藝	63 - 1482	
道昭	63 - 4951	
水篶刈	63 - 3186	

む

撫養	62 - 0067	2006

め

名京	62 - 0169	2019
明和	63 - 5198	2046
明城	62 - 0310	2047
明拝	63 - 4834	
明快	63 - 4349	2551

や

山名	63 - 2211	2003
社	62 - 0318	2042
八木	62 - 0085	2082
山陰	62 - 1204	2108
山國	62 - 0822	2120
八阪	63 - 6133	
やまとよふき	62-3794	2547
大和御幸	63 - 2550	2550
大和天誠	0742-33-2631	
山城京都	62 - 3450	9234
大和眞	62 - 0833	9522
大和朝誠	62 - 0202	

ゆ

夕張	63 - 1073	

よ

淀	62 - 0719	2503

わ

和爾		9302
和歌山縣	63 - 7866	9232

※平成27年９月現在

信者詰所電話番号

ち

中河	62 - 0153	2018
中和	63 - 4166	
筑紫	62 - 0078	2022
中紀	62 - 0407	
秩父	62 - 0133	
中央	62 - 0387	2077
鎮西	62 - 1405	
筑前博多	63 - 4544	

つ

都賀	85 - 7418	
津	62 - 0896	2068
津軽	62 - 4754	2089

て

天元	65 - 0237	
天津誠華	62 - 1756	2539

と

東本	63 - 5193	2028
東愛	62 - 0337	2035
豊岡	63 - 3857	2060
東濃	63 - 3125	
東肥	62 - 0178	2104
東海	62 - 0161	
豊繁	62 - 3118	
東京	63 - 5152	
豊路	62 - 5211	9401

な

南海	63 - 5656	2011
南阿	62 - 0488	2065
中津	62 - 0126	2070
那美岐	63 - 1826	2073
中野	63 - 2493	2074
南紀	63 - 4181	2078
中根	62 - 0131	2095
名古屋	63 - 0451	2097
奈良	62 - 3050	2098
中背	63 - 4061	
名張	62 - 3701	2515
浪華	62 - 0322	

に

日本橋	62 - 0260	2009
日光	63 - 2258	2026
西陣	62 - 0485	
西宮	63 - 1245	2045
錦江	62 - 0121	
新潟	63 - 5234	2094
西	62 - 0241	
西成	62 - 0084	2106

ぬ

沼津	63 - 6364	9743
鐸姫	62 - 0410	

の

典日	62 - 3597	
濃飛	63 - 6504	
ノウスアメリカ	62 - 0697	

は

阪東	62 - 0824	2051
治道	62 - 0245	2061
秦野	63 - 1321	2075
幅下	63 - 8789	2157
はるみひ	62 - 0429	

ひ

日野	63 - 5700	2053
肥長	62 - 0018	2096
東神田	63 - 3656	2122
東中央	62 - 1754	2127
日和佐	62 - 3357	
琵琶	62 - 0647	
一筋	63 - 5553	9531
美昭	62 - 3170	
日向司	63 - 4530	

お道のメディア

本

気軽なエッセーから教理研究書まで、バラエティーに富んだ本が道友社などから発行されている。お求めは、おぢばの道友社（通信販売も可）、おやさと書店、またはオンライン書店「道友社 Webストア」(http://doyusha.net) で。

ラジオ「天理教の時間」

毎週土・日曜の早朝、全国35局で放送。テーマは「家族円満」。夫婦、親子、きょうだいが絆を深め合うためのヒントを、天理教の教えに基づいて分かりやすくお届けする。

（天理教ホームページ〈信仰している方へ〉に、放送局と放送時間を掲載。また、過去6回分を無料で聴くことができる。お問い合わせは道友社音声映像課〈☎0743-63-5640〉まで）

天理教ホームページ

はじめての方へ　http://www.tenrikyo.or.jp/jpn/

初めて天理教にふれる方へ、天理教の教えとなりたち、聖地「親里」について、天理へのアクセスなどを紹介。

信仰している方へ　http://www.tenrikyo.or.jp/yoboku/

陽気ぐらしに向かって成人の歩みを進める、ようぼく信者向けの情報サイト。

※左記の雑誌は、各発行所、道友社販売所（おやさと書店）、および道友社 Webストアで扱っています。

新聞・雑誌

『みちのとも』……本教の機関誌。本部の動き、通達、教理研究、教会ルポ、各地の動きなどを掲載。月刊。

『天理時報』……ようぼくのための週刊新聞。本部の動き、ようぼく・信者の活動紹介のほか、心の糧になる読み物満載。詳しくは142ページ。

『天理時報特別号(人間いきいき通信)』……明るい人生へと導くためのヒントを提示する、にをいがけに最適の新聞。月刊。

『みちのだい』……婦人会の機関誌。婦人会本部の動き、教理勉強、講話、各支部・会員の活動紹介などを掲載。婦人会本部から年3回発行。

『With you』……20代から30代の女性のためのいきいきマガジン。教内外で活躍するようぼくの手記、エッセーなどを掲載。婦人会本部から年2回発行。

『あらきとうりよう』……青年会の機関誌。青年会本部の動き、教学研究、時事問題、各分会・会員の活動などを掲載。青年会本部発行。季刊。

『大望』……著名人へのインタビュー、エッセーをはじめ読み物満載。青年会本部発行。月刊。

『さんさい』……若い母親の子育て応援マガジン。専門家へのインタビュー、子育て体験談ほか、さまざまな記事を掲載。少年会本部発行。月刊。

『リトルマガジン』……少年会員向けマガジン。漫画などを中心に、親しみやすい編集。少年会本部発行。月刊。

『Happist』……高校生、大学生層を対象にした、お道の学生の必読マガジン。学生担当委員会発行。月刊。

図表さくいん

さくいん

さくいん

氏名	
直属教会	
所属教会	
住所	〒　　　-
電話　自宅	
携帯	
ファクス	
eメール	
勤務先	〒　　　-
電話	
ファクス	
eメール	
おさづけの理拝戴日	年　　月　　日
教人登録	年　　月　　日
血液型	

ようぼくハンドブック

立教165年(2002年) 4月1日　初版第1刷発行
立教178年(2015年)10月26日　第2版第1刷発行

編集・発行　天理教道友社
〒632-8686
奈良県天理市三島町1-1
電話0743-62-5388
振替00900-7-10367

印刷・製本　株式会社天理時報社
〒632-0083
奈良県天理市稲葉町80

 ISBN 978-4-8073-0472-1　定価はカバーに表示